任鸿隽
谈教育

任鸿隽 ◎ 著

辽宁人民出版社

图书在版编目（CIP）数据

任鸿隽谈教育/任鸿隽著. —沈阳：辽宁人民出
版社，2015.1
（名家谈教育丛书）
ISBN 978-7-205-08099-0

Ⅰ. ①任… Ⅱ. ①任… Ⅲ. ①任鸿隽（1886～1961）
—教育思想—文集 Ⅳ. ①G40-092.6

中国版本图书馆CIP数据核字（2014）第270659号

出版发行：辽宁人民出版社
　　　　地址：沈阳市和平区十一纬路25号　邮编：110003
　　　　电话：024-23284321（邮　购）　024-23284324（发行部）
　　　　传真：024-23284191（发行部）　024-23284304（办公室）
　　　　http://www.lnpph.com.cn
印　　刷：鞍山新民进电脑印刷有限公司
幅面尺寸：160mm×230mm
印　　张：11
字　　数：156千字
出版时间：2015年1月第1版
印刷时间：2015年1月第1次印刷
责任编辑：艾明秋　赵维宁
封面设计：Amber Design 琥珀视觉
版式设计：姿　兰
责任校对：吴　伟
书　　号：ISBN 978-7-205-08099-0

定　　价：22.00元

目　录

导读　　任鸿隽是一位很具有传奇色彩的教育家，他1904年考取了秀才，赶上科举考试最后一班车，后放弃教职，进入上海公学，进校不久他东渡日本留学，并加入了孙中山所领导的同盟会，他为了制造炸药而考入东京高等工业学校应用化学预科。1911年武昌起义，他匆匆回国，担任孙中山的秘书。他不满袁世凯称帝，弃官再次出国留学，这一次他去了美国，先后在康奈尔大学、麻省理工学院、哈佛大学、哥伦比亚大学攻读化学等科目，以实现他科学救国之愿。这本书中的大部分文章均与教育和科学有关，本文第一句便言：科学教育，此迩日学界最注重之问题也。

科学教育与科学

科学教育，此迩日学界最注重之一问题也。既聘"专家"以司调查，又设科学讲习会以培养师资，而调查科学教育之推士先生复对于中小学校科学教育有所建议。如减少讲演时间，增加实验时间，注重个人之实验练习及采集训练等，皆可谓具体的改良计划。诚以吾国中小学之科学教育有澈底改造之必要，而不科学的之科学教育，固不能谓之科学教育也。

虽然，科学教育重要矣。而科学本身之尤为重要，谅不待言。乃观於学界对待科学之态度，使人不能无惑焉。曩推士先生尝语记者："今日中国之所需者，乃多数熟习教学法之教师，若独立研究之人才，于今日中国之教育界非所急也。"此言但就"教育上"着想，而不从"科学上"着想，固不可谓无相当理由。何则，吾人不能希望中小学之科学教师，皆独立研究之大科学家也。虽然，问今之科学教育，何以大部分皆属失败，岂不曰讲演时间过多，依赖书本过甚，使学生虽习过科学课程，而于科学之精神与意义，仍茫未有得乎？则试问今之科学教师，何以只知照书本讲演，岂不以彼所从学之教师，其教之也，亦如是则已乎？如此递推，至于无穷，然后知无真正科学家以导其源，欲科学教育之适如其分，不可得之数也。换词言之，即有科学乃有所谓科学教育，而国内学者似于此点，尚未大明了，此一事也。

其二则为对于科学之误会。数月以前，吾国学界忽有所谓"科玄之战"发生。其辩论之结束，至少足证明吾国思想家之一小部分，对于科学之真义犹不免有所误会。故对于科学之价值，遂不能不加以怀疑。夫当十五世纪时代，科学曾一度战胜神学而为学术界开一新纪元。当十八世纪时代，科学又一度战胜古典文学而为教育界辟一新领土。今则战事已完，胜负已定，而谈者若曰：历史而可重制，当屏科学于教育科程之外。此种精神，不能与科学教育同育并茂不待言矣。其所以有此现象，正以科学研究尚未深造，故于科学真意，动觉隔膜。则言科学教育而不可不先言科学，又其一事也。

本志在两年前，即有科学教育专号之作，迩来对于科学教育未遑论列。阅者或疑本志于此问题淡漠置之，而不知非也。记者以为欲科学家言科学教育易，欲一般人知科学难，愿科学教育家及科学家知此意也。

1924年

│导读│ 本文是一篇与陶孟和的讨论文章。陶孟和是中国现代著名的社会学家，新中国成立后曾任中国科学院副院长，他也是任鸿隽的好友。在这篇文章中，任鸿隽所讨论的是如何能使科学研究实现的问题。

科学研究
——如何才能使他实现

在本杂志（《现代评论》）里，孟和先生曾一再的讨论科学研究。他的第一篇文章是说科学研究的重要及其与一个国家生存的关系。第二篇文章是说怎样的才可称为科学家，并如何才能使科学研究实现。这个问题甚为重要，不幸我们的教育界、言论界，很少人加以注意。这种不注意的结果，就可以发生相反的言论。我们不常常听见老一辈的人，说什么西洋文明破产；什么科学的结果不过得到衣食住的物质文明一类的话吗？我们不又常常听见现今的少年们打着"打倒智识阶级"的旗号，大骂"帝国主义的物理化学"吗？在我们看来，这两种人的意见，都犯了两重的错误：第一是不明白科学的本身，第二是讨论的自相矛盾。

怎么说不明白科学的本身呢？说科学是物质文明的，好像科学就是饱食美衣、骄奢淫佚的代名词，同中世纪的欧洲人以研究科学就是与恶魔结了同盟一样的见解。其实科学虽以物质为对象，但是纯粹的科学研究，乃在发明自然物象的条理和关系。这种研究，虽然有应用起来以改善衣食住的可能，但在研究的时候，是绝不以这个目的放在眼前的，我们不记得法勒第把他的磁电发明在英皇面前试验的时候，当时的财政大臣就问他有什么用处。这个答案，不但当时的听众不晓得，就是法勒第自己也不晓得。但是他仍旧要研究。由是可知他研究的目的，并不在物质的享受，而在精神上的满足。换一句话说，科学研究，只是要扩充知识的范围，而得到精神上的愉快。这种精神，可以说是物质的吗？至于利用科学的发明，而得到衣食住的改善和物质的享受，乃是科学的副产物，而非科学的本身了。科学既然不过是人类智识范围的扩充，天然奥窍的发展，当然与任何主义都不发生关系。我的意思，是说大凡真正的学术，都有离开社会关系而保持真正独立的性质；要发生关系，与任何主义都可以发生关系，要不发生关系，与任何主义都可以不发生关系。所以我说以科学为衣食住的文明，和骂科学为帝国主义的，都是不明白科学本身的说话。

怎么说讨论的自相矛盾呢？我们晓得人类既要生活，就不能不有衣食住，既有衣食住，则恶的衣食住，自然不如好的衣食住，这是谁也不能辩驳的道理。我想以改善衣食住为科学罪状的，不外乎两个理由：一是衣食住可以不必改善，二是衣食住改善之后，于人类有不好的结果。关于第一层，我想主张的人，必定在衣食住方面，能够去好就坏，舍善取恶了，但事实上我还不曾找出一个例子来证明这个话的不错。关于第二层，我以为一个人的平生，仅仅在衣食住上面用工夫，固然不可，但把衣食住改善了，解放了人们的精力与心思，使他向学问美术一方面去发展，却是极其可贵的事体。我不相信衣食不完，救死不暇的人们，能有在学问上艺术上贡献的可能。我们看看西方文明的国中学问的发达，出版物美术品的繁盛，可以知道是衣食住改善后的结果。所以衣食住的改善，并不是恶，但不晓得利用衣食住改善的结果，乃是人们的愚蠢罢了。至于高唱打倒帝国主义的同时又高唱打倒智识，废除学问，这无异自己缚了手足去打老虎，其矛盾的程度，更显而易见了。

以上所说，不过是说到科学研究，联想起来的几句话，与本文的大意，没有什么重要关系。本文所要讨论的，乃是如何能使科学研究实现的一个问题。关于这一层，孟和先生在他的第二篇文章里面曾经提出"急速的将这些位萌芽的科学家聚在一处，使他们慢慢的造成真正科学家"的一个办法。但是如何才能把这些萌芽的科学家聚在一处，孟和先生却不曾说到。我这一篇继续讨论的小文，正是要想对于这方面贡献一点意见。

我们晓得科学研究的进行，至少须有两个要素：一是研究的人，一是研究的地方。现在先从人的一方面说起。

孟和先生说："科学的研究，是一种终身事业，就是最小段落的研究工作，都要五年、十年的继续不懈的，精心竭虑的努力。……我们现在可以希望有几个人寻到几个问题，将五年、十年或一生的精力都费在研究上呢？"这个话固然不错。但是他的答案是什么，我以为有讨论的必要。据我个人的观察，以为这种研究人才的缺乏，第一原因在没有研究的领袖。我们晓得在西方学术发达的国家，一个人在大学毕业得到博士、硕士的学位，决不能算为学问的，而必待他往后十年、二十年刻苦的工作，才把他升迁学者阶级里去。拿最普通的现象来说，这种人大概起初只在大学里做一个助教，后来他的学问渐渐长进了，才把他由助教、副教授，而升到正教授。可是在我们国里，大学毕业过后，去从事他项职业的不消说了；就是在大学里做助教的，他等到须发充根白，还是一个助教，绝对没有长进的希望——除非他有机会到外国去留学。这个原因，就是学校里面没有研究的事业，所以他的学问也没有长进的机会，又不特本国大学毕业的有这样的情形。再拿外国大学毕业归国的留学生而论，他们在外国，尽管曾经做过很好的研究工作，但一回到国里，是把他的研究事业丢在九霄云外，而去干那与他本行漠不相关的种种勾当去了。近来外国的科学家，每每因为大学生毕业之后丢开研究事业，叹惜学问上的死亡率太高。若拿中国上下的情形说来，恐怕学问上的死亡率，竟有百分之九十九以上。这种人才的大损失，不是最可惊叹的事体吗？但是要追求其原因所在，我以为第一在缺乏领袖的研究人才。因为缺乏领袖的人才，所以研究的问题没有人能够寻出，研究的风气也就无从养成，所以虽有热心研究的人，也只好消磨在不知不觉，或如孟和先生所说"无价值的声誉"之中了。第二，中国国内研究机关的稀少，与研究设备——如图书馆及各种特别仪器——的缺乏，也是研究事业不能进行的一个原因。但是这一层关系于研究的地方，我们还得详细说说。

一个国里研究科学的地方，大概不出下列三种机关：一是学校，二是学会，三是工厂内附设的研究所，至于私人单独的研究，当然不在这几种之中了。我们国里的学会，虽然名目繁多，据我所晓得，真正设有研究所的，仅仅有一个中国科学社。此外地质学会有地质调查所做他的研究机关，北京的博物学会有协和医学校做他的研究机关，再就要数那正在募集、尚来建筑的工程学会的材料试验所了。学会的研究机关既然如此，那末，工厂的研究机关又怎样呢？据我所知，工厂中以研究为目的而设立的机关，只有久大精盐公司和永利制碱公司附设的黄海化学工业研究所。这个研究的设备和成绩，都很不错，但就他的性质和力量看来，他的研究事业的范围，就可想而知了。此外有几个大公司，如开滦、启新之类，虽也设有试验所，但是说到研究，恐怕公司的人还有这个眼光。再次要说到我们的学校了。大学的职责，不专在于教授学科，而尤在于研究学术，把人类知识的最前线，再向前推进几步，这个话已经成了世界学者的公论。国内的大学，近来已如雨后春笋，遍地皆是。除了那些徒有其名的姑且不论外，其余比较的有历史有成绩的少数学校，也渐渐感受了世界的潮流，大家觉得研究工作的必要。因此虽在学校经费的极端困难中间，也未尝没有对于研究的预备。最近作者和一个朋友到某校去参观，这位朋友本是哈佛大学出身的。参观之后，他说某校的化学设备，比哈佛大学的化学旧校并不多让。但我们晓得世界上最精密的原子量测定，是哈佛大学的化学教授理查慈和巴士台两位先生在这个和某校相去不远的化学教室中做出的。这自然是单就某校某一部分而言，但据普通一般的调查说来，要在国内实行科学研究，这是以利用学校的设备为易于着手。

以上系对于科学研究的人与地的两问题，作一种很粗略的讨论。设使我上面所说的，还不十分远于事实，那末，我们对于"如何才能使科学研究实现"的问题，也可以得到简单的答案了。这个答案就是：寻出领袖的研究人才，放在比较有研究设备的学校里，让他去干他的研究工作。但是这中间还有一个先决的问题，就是将来大学教育的宗旨，是要注重在研究一方面的，至少也要研究与教课并重。

单有教课而无研究的学校，不能称为大学，这已经成了大学的定义，我们上面已经说过了。可是在我们的大学里面，适得其反，差不多只有教课而没有研究。这或者因为程度问题是没法的。但是我们也可以想象一个大学的组织，他的重要职责，只在聚集少数的学者专门从事于独立的研究，而从学者的有无多少都不关紧要。这样的大学，在外国其例甚多，即在中国，要照这样办起来容许找不出许多学生，但做研究员的人，总还可以找得出几个。换一句话说，我们要有从事研究的学生，必先有热心研究的先生；我是要造成研究的空气，也须从造就研究的先生做起。

说到这里，又回到领袖人才的问题了。有人问，你们要造就研究的先生，但先生的先生，又从哪里来呢？我的回答是："老实不客气，到外国去请。我们的学问不能及人，只好去请比我们有经验有研究的外国科学家来做我们的向导，这有什么可以惭愧的？不过此处我们要注意的，是请来的人，必定是本门的authority，而且能够在我国指导研究，至少在三年以上，方不至于成了"抬菩萨"的玩意。

又有人问，这样的办法，岂不成了一个研究所，怎么叫办学校呢？我的回答是：你要叫这样的组织为研究所也未尝不可，但研究所中加入学生，原来也是正当的办法。在这个办法的骨子里，还有一些好处，就是教员和学生的中间，都有一个研究精神的贯注。教员有了研究的素积，方才觉得他所教的，都是直接的知识，他的判断都有正确的根据，他对于学生所给与的兴感，也不是专靠贩卖知识的教员所能有的。学生有了研究的趣味，方才觉有一种高尚的刺激，知识的愉快，养成他们对于人类终竟有所贡献的态度，而使他们得有正当的发育。这种的结果，岂不是无论何种教育家所希望的吗？但只有从事研究的教员和学生可以得到，那么，就把大学的大部分变成了研究所的组织，又何不可之有呢？

关于科学研究的问题很多，现在先提出这一个办法来请大家讨论。中国目下的大学，不是都有改组的动机吗？设立科学研究所的呼声，不是久已在国内响应吗？我希望这几个教育上学术上的问题，一举而加解决，那就再好没有了。

1927年

导读 　任鸿隽在本文中为新入学的学生提了两点建议，一是身于学校，学生应有主人翁精神；二是救国是学生最高的责任。这两点一个侧重校内，一个侧重校外，任鸿隽最后强调：读书即是救国，救国必须读书。

为新入学的学生讲几句话

近几个月来，社会人士很有些注意于高等教育问题。于是改革大学的言论，也风起云涌的在各种杂志上屡见不一见了。可是他们所讨论的，大半是大学的学制问题。关于目下一般青年所公认为学校的主人翁——学生，却少有人谈到。现值学校开始的时期，我们拟援学生毕业有送别词的例，说几句欢迎诸君入学的话。

第一，我们要说的，便是学校的主人翁问题，换一句话说，是学生对于学校的态度。我不知道"学生为学校的主人翁"这句话有什么根据，但我确晓得这句话是大多数学生胸中固有的观念。要是我的猜想不错的话，我想这个观念，必定是由譬喻得来的。我们不是一天到晚在讲民主主义吗？在民主主义的国中，不是以人民为主人翁吗？一个国内，有治者被治者的阶级；一个学校内也有治者被治者的阶级。学生是被治者，即是与人民处于同一的地位。人民可以为一国的主人翁，则学生为学校的主人翁，岂不是逻辑上应有之义吗？况且近代教育学说主张学校的社会化。那么，我们何妨看学校作一国，而小试其主人翁之资格呢？既有了主人翁之资格，即不能不行使主人翁之权利。于是教员有不好的（至少是学生以为不好的），主人翁可以任意轰去。校长有不行的，主人翁不妨投票另选。而且财政可以监督，事务可以干涉，因为这些都是主人翁的权利。所以我们可以大胆的说一句，学校主人翁的问题不解决，学校是不会有宁日的。

上面所说的譬喻，在表面看来，固然不无几分相似之点，不过有一个根本不同的地方，就是学生在学校中是受教的，而民主国家的人民不一定是受教的。因为这个原故，许多未毕业的学生，在民主国家中，并不能取得选民资格。所以用民主国家的譬喻，归结到学生是学校的主人翁，是不对的。必不得已，要在社会组织中，寻出与学校相似的东西，我们可以说，只有家族还相近一点。一个家族，在他的责任上，当然要以子弟的利益为前提，但是不可以此便说子弟是家族的主人翁。一个学校，若是有存在的必要，当然须以学生的利益为前提，但是不能以此便说学生是学校的主人翁。我们说这些话，并不在什么"亲"、"师"伦理上着想，这只是一个社会组织的寻常事实。

一个学校的存在，当以学生的利益为前提，这句话当然又可以发生问题。譬如教员学问的不够，职员办事的不合法，都可以使学生直接蒙其不利。而且一个学校内容的腐败，只有直接身受的学生知道的最清楚，若是学生不加举发，外间是无从晓得的。所以学生对于学校的内容有所不满而提出改良的要求，不能不说是一条合法的道路，而且在某种情形下，也许是唯一可能的道路。不过我们要明白，学生既非人民，学校也不是国家。那就是说，一个学校，除了校中的教职员之外，总得有一个管理主权的机关在外面。这个管理主权的机关，在官立学校是政府，在私立学校是董事会。有了这种机关，校务的好坏，自然有了一个最高的请诉所，而无所用其直接的革命行动。直接的革命行动，未必能与学生的利益相符合。因为知识、年龄种种的关系，学生的利益，不见得是学生的本身所能谋的。

我们说学生不是学校的主人翁，读者不要误会以为我们认校长或教员是学校的主人翁了。倘若学生不是学校的主人翁，校长、教员尤其不是了。那么，学校的主人翁究竟是谁呢？我们以为学校是为了一个共同目标设立的多元组合体，不能任意偏重一部分而抹煞其余。若不得已而要指出一个东西来做学校的主体，我们以为只有"学术"两个字可以当得。学术确是学校目的的所在。凡是与学校有关系的，无论教职员也好，学生也好，都是为了这个目的而工作。凡是对于学术有贡献的，无论教员也好，学生也好，我们都可以说他代表主体的一部分。

第二，我们要说的，是学生对于时事的态度。在这一方面，近年也有一句最流行的话，是"读书不忘救国，救国不忘读书。"这句话，我也不记得是哪位先生发明的了，但这的确是一句八面玲珑的话。照这句话的意思，救国读书，随兴所至，不必顾虑到哪一件事的成功与否，而同时又可以兼筹并顾，这是多么便宜的事！不过我们要讨论的，救国读书，无论哪一件，是不是用半冷半热的态度所能做到？如其不然，我们是不是有把我们目前的道路认清的必要？

救国是我们最高的责任，尤其是在血气壮盛、感情丰富的青年，所有一切都可牺牲，何况读书的一点小事？不过在决心离开读书，加入救国以前，我们至少要问我们自己两件事：（一）我们的主张，果然是我们深信不疑的吗？（二）我们的方法，果能达到我们的目的吗？这两个问题，若果不能解答，我们以为所谓救国事业，也不过自欺欺人之谈，不如埋头读书，究竟还晓得我们自己做什么事。

何以要问我们的主张是不是我们深信不疑的？我记得民国十四年"五卅事件"闹得最盛的时候，某大学的墙壁上，贴满了"打倒英国"和"直捣伦敦"等等标语。我不晓得我们笼统搜索不满十万吨的海军，有什么方法能够打到伦敦去。我们记得民国十七年五三的事件，我们学生界的标语，是要"枪毙田中"。果然田中可以由我们枪毙，又何至于有"济南事件"。最近去年"九一八"事变之后，我们学生界的主张，有组织"东亚大同盟"、"联合东亚弱小民族"等等。我不晓东亚的弱小民族在哪里，怎么能组织起来抵抗强日。这些主张，本来没有征引的价值，但正可以表示我们学生界知识的幼稚。以这样幼稚的主张，要说他们曾经研究过而深信不疑，谁也不肯信。但是我们要晓得这是我们牺牲了读书去换来的救国成绩。

其次要问我们的方法，是不是能达到我们的目的。学生表示主张最后的方法，常常就是罢课。可是罢课只是一种吃了砒霜药老虎的办法，拿自己的损失，来促他人的反省。设如我们所要求的，不是反省可以了结，这个方法就失其效用。设如所谓他人，不但不与我们休戚相关，而且以我们的损失为有利益，则这个方法完全失其意义。去年"九一八"之后，全国的学生，为了入京请愿，不但罢课多日，并且挨饥受冻，卧轨绝食，甚至有以生命为殉的，然其结果仍等于零，就是因为学生所要求的，不止是政府的反省，而且是强其所不能，这是失败的第一原因。第二则对外我们愈闹得起劲，秩序愈乱，敌人愈是有利。所以除非有什么更进一步的计划，可以偿罢课的损失而济其穷，则罢课必不能达救国的目的，可断言的。

这样，我们把学生救国的目的和方法弄清楚了，才可以进一步来决定对于救国或读书的态度。我们以为对于救国的方法，已经有了坚深的信心的，他们尽可尽力的去做救国的事业，不必拿读书来做幌子。对于救国的方法，还不曾有坚强的信心的，我们以为要以读书来充满他们的知识，养成他们的信心。我们可以改定前面的标语说"读书即是救国，救国必须读书"。

1932年

导读 "农业教育是什么？简单的一句回答，是利用科学的研究，以求农业的进步。故农业教育是应用科学的一种，这是第一个重要性质。第二，农业的性质，无论什么新法与研究，要有大规模的应用，然后有效能可言。所以农业教育的最后目的，就在他的最大应用。这两点若不顾到，而高谈农业教育，是无异于扪龠谈日的。"

农业教育与改良农业（一）

农业教育是什么？简单的一句回答，是利用科学的研究，以求农业的进步。故农业教育是应用科学的一种，这是第一个重要性质。第二，农业的性质，无论什么新法与研究，要有大规模的应用，然后有效能可言。所以农业教育的最后目的，就在他的最大应用。这两点若不顾到，而高谈农业教育，是无异于扪龠谈日的。

我国当今的教育家，一谈到实业教育，往往以农业与工业相提并论，一若农业教育与工业教育可以用同样的方法，达到同样的目的者，其实这是不对的。农业教育与工业教育最大的差别所在，就是工业教育的最大目的，在造成几个工业家以建设一些新工业。农业教育的目的，若仅仅在造成几个农业家以设立几个新农场，那么，不用说这个目的没有达到，即使达到了，我们仍不能说是农业教育的成功。因为农业教育的效用，以普及于多数农人为目的，少数人的独善其业，于大体是没有多大影响的。

从这一点看来，我们国内的农业学校——无论是农业专门学校或大学的农学院——都免不了两重的大失败。此话怎讲？让我慢慢道来。

第一，现今的农业学校不能造成农业专家。一个农业专家，必须自己来自田间，或者对于农事工作有相当的关系或经验。古人说，"农之子恒为农，士之子恒为士"，这在古代社会已然。现今社会进化，自然不似这样的呆板，但是我们晓得，它的变动，是由乡间而城市，并不是由城市而乡间。所以要农科的学生，学成了仍旧归农，除非他本来是由农家来的，便很少希望。目下的农科学生，有多少是由农家来的？关于这一层，我们没有可靠的统计。不过用常识来判断，我们晓得平常乡间的学生，能进大学已经是少数了。这些乡间的学生，来自真正农家的，尤其是少数的少数，其中的大部分，还是"四体不勤，五谷不分"的富家子弟。所以在现今的高等农业学校里面，要找出真有农事经验和兴趣的农家子弟，恐怕真是凤毛麟角了。这些学生，既然不是农家之子，那么，他们学成之后，还是去干他们祖传的"士"的职业，那就是说，去做官、教书，或者其他任何不用手而用脑的工作。这是农业学校不能造成农业专家的第一个原因。第二个原因，便是农业学校自身和实际农业的隔离。我们晓得现今的农业学校，大半都有一个两个农场，可是这些农场，通常只是拿来作实验的用，当然不发生农业上的问题。实际上，农业学校有一个实习的农场，已经是很好的了。我曾经看见某某农业学校，把它广大的农场租给乡下农人去耕种以收租取利，而仅仅留下几亩园地为学生作实习用的。这样的实习，既与实际的农业问题相隔千里了，至于凭书本讲授的知识，大半是舶来或理论的，与实际农业的距离，更不免有万里之遥。所以农业学校毕业的学生，可以在都市里称一个农业专家，一旦回到乡间，恐怕就有"邯郸学步"之叹了。所以农业学生的不能业农，不能不说是农业学校的第一个失败。

有了这第一个失败，自然便有第二个失败，那便是农业不能改良。不过若是有人说，我们若能免除了第一个失败，第二个失败也就可以自然的免除，我们以为事情尚不如此的简单。我们曾经说过，农业和工业不同，不能以少数人的成功，作为全体利益的代表。所以若说农业教育对于农业改良有了贡献的话，必定是农学研究的结果，有利用于大多数农家的可能。现在我们要细细检查一下农学研究的结果，能够达到大多数农人的过程。

第一，我们要假设先有一个研究机关。这个研究机关，可以就是农科学校，但是这个学校，必定要有施行研究的能力，而不可但以教课为唯一责任。

第二，这个机关，必定要对于某区域的农家有相当的联络，知道他们工作的情形及须要改良的问题。

第三，这个机关，必须有相当的人才，对于农家的大小困难问题，皆能给他一个有效的解决方法。

第四，这个机关，必须有相当的设备，对于提出的解决方法，能作长时间的试验。

第五，农业改良的方法，试验成功之后，必须有相当的组织，把这个改良的方法推行到多数农家去实用，并且随时加以帮助或指导。

按照上面这五个步骤，我们可以看出农业学校的职责，应该在什么地方。第一，农业教育的目的，在用科学方法，研究农业的改进，故农业学校的第一个职责，在造成研究的人才。第二，研究改良的结果，必须应用到多数农人身上，故农业学校的第二个职责，又在养成许多推广的人才。第一种人才，是属于学术研究的，第二种人才，是属于组织及行政的。前者需用的人才较少，但造就较难；后者需用的人才较多，但造就较易。一个农业学校，若不能兼筹并顾，至少当顾到前者而放弃后者。不幸现今的农业学校，都适得其反。他们的毕业学生，做推广员，办行政事业，则绰有余力；做研究员，办学术事业，则感觉不够。无怪乎我们天天仰望农业学校来改良我们的农业，而农业不振，更日甚一日了。

1932年

导读　"若是所谓农业教育，不限于成立几个农业学校，造成几个高等或中等的毕业生，扔在人海茫茫的社会里面，任他们去自寻一条出路，而以农业的改良及农人的受益为终竟的目的，我们以为整个的农业教育，应该包含以下三个阶段：（一）关于学术的教育，（二）关于训练人才的教育，（三）关于普及农民的教育。"

农业教育与改良农业（二）

若是所谓农业教育，不限于成立几个农业学校，造成几个高等或中等的毕业生，扔在人海茫茫的社会里面，任他们去自寻一条出路，而以农业的改良及农人的受益为终竟的目的，我们以为整个的农业教育，应该包含以下三个阶段：（一）关于学术的教育，（二）关于训练人才的教育，（三）关于普及农民的教育。现在姑且依次说明如下。

在农、工、医这三种重要职业中间，照旧式的眼光看来，农是最用不着学术的一个职业。所以无论何国，农民总是最无知识的人民部分。因此，农业也是最少进步的一种职业。现代的眼光，和古来不同的地方，就是劈头要承认农业是可以用学术来改进，而不是完全靠天吃饭，或是墨守旧法，一成而不可变易的。换一句话说，我们要承认，天然的力量或缺陷，都可以用人为的方法来管理或补充，因此，我们就把农业的本根，放在学术研究方面上了。这不但是我们的希望如此，近百年来，农业上的重要发明也使我们的信心愈加坚固。譬如物理、化学上关于土壤成分、肥料功用的发明，生物学上关于传种改良的发明，都可以使农业的方法和观点，发生极大的变化。所以我们晓得农业学校，是近代教育统系中的一个苍头特起的异军（美国的农业学校，在一八六二年所谓莫利士分地助学案通过后始见兴盛），其实也不过是近代学术发达的表现。若高谈农业教育而忘了学术的本身，无异拔本而求木之茂，塞源而求泉之长，是不可能的。

农业科学，是应用科学的一种，我们在前已说过了。不过应用科学与纯粹科学，只有材料之殊，并无方法之别。而且许多应用都直接由纯粹科学得来，他们是分离不开的。例如曼德耳研究生物的遗传，于农业上的改良物种有莫大的贡献。里比希研究生物化学，于农业上土壤改良、人造肥料都导了一个先河。至于巴斯德用他微生学的知识，挽救了法国蚕业的危难，尤是人人皆知的。我们若要改良农业，设如先没有一个完备的、有效的学术研究机关，一旦遇见农业上困难问题，休想有解决的能耐。所以学术教育，是农业教育的第一个重要阶段。

学术研究，固然是农业教育的根本，但在事业性质上，却不能如一般教育之过求普及。因为这些专门研究，人才经费，都有极端的限制，一求普及，便非把程度标准放低不可，结果也就失其专门的性质了。现在要把少数专门研究的结果，应用到成千累万的农家工作上去，这是农业教育的第二个问题。试举一个浅近的例。譬如改良种子，是我国农业极重要的问题。据农作物专家洛夫教授的话，单就改良种子一项，不难增加农作物的产量至百分之四十以上。又据张心一先生最近发表的《中国粮食问题》说，中国东北、北、中各区十四省的谷产总量，为四一，〇九七，七八二，〇〇〇斤。设如以三百斤为一担，则十四省的谷产总量为一万三千六百九十余万担，其百分之四十，应为五千四百余万担。这个增加的数量，已足抵制每年输入的米量而有余。不过据张先生说，十四省种稻应须的种子，为一，一八〇，八〇〇，〇〇〇斤。同样以三百斤为一担，约须种子三百六十万担。这样巨量的改良种子决不是少数机关或少数人所能育成，而必定是有大规模的组织和多数的有训练的人才参加工作。农业教育，对于造就这种实际的人才，自然也有不容旁贷的责任。

这种人才的养成所，可以是高等的农业学校或农事试验场，只是我们要注意的，这种人才，绝对不仅是行政人才，而必定是对于农业的专门技术，有相当的心得与训练。因为他们的工作，是要把专门研究所得，施行到实际农业上去。在实际农业上，设如他们遇到了意外的困难，非有自己解决的能力不行。因此，一个徒知教课的高级农业学校，或徒知行政的高级农事试验场，都不配做这样人才的养成所。这种人才，是从实际研究的空气中养成出来的。

训练人才的教育有了，其次是普及农民的教育。这件事看似困难而实容易。困难的是农民人数太多，知识太低，不能强聒不知，家喻户晓；容易的是农人所注意的是实际利益。设如他们晓得于己有利，自然会争先恐后，服从指导。据广东岭南大学蚕丝系的报告，他们初制无病蚕种的时候，不过几十张尚无人要；后来用无病蚕种的收成增加，被一般农人知道了，次年制种几千张，还不敷分布。

要是我们上面所说的三段教育，都是不甚谬于事实的话，那么，我们可以看看农业教育的组织，应该怎样，才能尽他们应尽的责任。我们晓得，无论哪国，农业教育的机关，不外两种。一是农科学校，一是农事试验场。就性质上说，关于研究方面的事，应属于学校；关于实行推广的事，应属于试验场。并且这两种机关，因其性质的不同，也应该有一点先后缓急的分别。按照我国目下的情形，因为人才经费的种种关系，显然的，研究学术的机关，应取集中政策，而推广实行的机关，应取普及政策。那就是说，高等农业学校，不必每省皆有，而实行推广的农事机关，却是各省不能不齐备。因为我国虽然是幅员广大，但就地理的区分和土壤的成分说，全国却可分为三五个大区域。照普通的画分，是华南为一个区域，华中为一个区域，华北为一个区域。三个之外，或者再可以添上东北、西南两个区域。我们希望全国的土壤调查清楚后，分区更可以精密一些。在每个区域以内，至少应该有一个设备完善、程度高超的农业学校。属于这个区域的各处地方，他的农业情形既然是大同小异，凡所有的问题，都可以到这里来研究解决。可是农事试验场，是要施行当地的表演及推广工作的，其势不能不各省有各省的组织。可是实际上使我们感到意外的，是各省的农业学校，比农事试验场来得更多，而且当今政府要人，一谈及振兴农业，就主张添设些农业学校。他们不管中国的农业学校已往的成绩怎样，他们不问农业学校所要做的是什么工作，他们更不曾考虑农业教育整个的问题是什么。他们只以为学校是万应如意丹，有了学校，什么问题都可以迎刃而解。结果中国的农业教育非失败不可，而我们的要人也非失望不可。

数年前南京东南大学农科对于全国棉作的计划，很可以表示研究机关和实行机关不能相携并进的情形。他们的计划，要设棉场于直隶、山东、山西、陕西、河南、江苏、安徽、浙江、江西、湖南、湖北、四川等十二省，每省又各分区，计十二省共分十九区。每区设试验场一处，面积在五百亩以上。除试验场外，每区设立育种场至少二十处，每处面积至少百亩。统计这个改良棉业的计划，共要地四万七千五百亩，分布在十二省区里面。这样的一个计划，只有中央政府可以实施，任何大规模的农业学校，恐怕都没有这个力量！他们改良农作的计划，也同改良棉作的规模大致仿佛。一个农业学校，为什么要开出这些大而无当的计划，其实只是因为各处的农事试验场都未成立，他们不过要兼办试验场的职务罢了。倘若各省都有了农事试验场，这许多不相干的计划，自然都用不着。于是农科学校，专做他们研究的工作，各处的试验场，专做他们育种推广的工作，学术研究的结果，就慢慢的可到农民身上去了。

还有一层，看似与农业教育无甚直接关系，而其实关系极大的，便是农业学校的当局及教员，应当使他们久于其位，非有万不得已的事故，不可轻易更动。因为一种农业的试验，每每要经过几年的时间，才能得到结果。例如改良一类种子，固非经过三数代的培养，不能断定他是否成功，就是研究一种害虫的生活史，也大概不是期年数月之间所能竣事。设如在工作进行中间，忽因人事的变更，使其功亏一篑，即不啻抛弃九仞之功归于无用。所以从事实说，有上等的人才而不能久于其职，往往不如次等人才继续不断的工作，反能做出相当的成绩。一般官立学校的成绩，都不能使人满意，而农业学校尤甚。我们以为学校当局及教员的位置不能安定，至少要负一半的责任。

1932年

导读 任鸿隽说："一个学校所能给与学生最大的环境影响，莫过先生的学问与人格，其余的都可以说是次要。"师范教育的核心问题便应该是学问与人格，也可以说是人格与学问。

教育改革声中的师范教育问题

改革教育，似乎是现今政府很想尝试的一种事业。在三四个月前，有陈果夫先生在中政会里的改革教育的提议，有教育部改革北平各大学的计划，最近又有取消师范大学的传说。我们虽不知道这些计划或动议实行的可能性怎样，但至少我们晓得在政府当局的脑筋中，曾经有过这样一番拟议。陈果夫先生的改革教育方案和教育部的改革北平各大学计划，已成过眼的云烟了，改革师范教育的事件，则正为教育界所注意，闹得甚嚣尘上。我们因为这个问题的重要，甚愿以局外的观察，贡献一点旁观的意见。

这个问题所以在今日引起这样多的注意，除了师范教育的本身外，至少还有历史经过和地方环境的关系。就历史方面说，在民国初年，全国本有六个师范教育区，设立了六个高等师范学校。至民国十年学制改革以后，这六个高等师范，都渐渐地合并到当地的大学里面去了（沈阳高师归入东北大学，南京高师归入东南大学，广州高师归入广东大学，武昌高师归入武汉大学，成都高师归入四川大学），仅留下一个北京高师的后身——北平师范大学，成所谓仅存的硕果。所以现在谈到改革师范教育，同时不能不想到这个硕果仅存的师范大学，不过是历史演进的继续和学制改革的尾声。

说到地方环境，我们不要忘记了北平是国立大学最多的所在。近年来，虽然经过了相当的裁减合并，但除了城外的清华大学外，城内还有北京、北平及北平师范三个国立大学。这在教育不发达和教育经费常闹饥荒的中国，不能不说是一种奇异的现象。记得一年前国联派来教育调查团在北平调查的时候，他们对于这个现象，曾经表示怀疑。最近我同新由德国来平的某教授谈到大学问题，他也说在德国没有一个城里有三四个国立大学的办法。也许因为我们大学的程度幼稚，三四个大学，敌不上他们一个的质和量；然唯其如是，愈不能不有斟酌损益，使全个的组织近于合理化的必要。因此在这个改革教育的呼声里，这个硕果仅存的师范大学，时时感觉岌岌不能自存的危险。

除了这两点之外，最主要的自然还是那根本问题，那便是，师范教育的本身，是否必须要一个特殊的大学来实施与进行。换一句话，现今师范大学所施行的训练及研究，是否可由普通大学来代替。因为这个问题的重要，所以师范大学的三十八教授联名具呈教育部，力争变更师大学制，即根据此点，陈述五大理由。他们说：（一）中学师资，非受师大之专业训练，不能胜任也；（二）教师之教师，尤非受师大之专业练训，不能胜任也；（三）师大之课程，与普通大学之程度相当而性质全异也；（四）师大之环境，又与普通大学之环境不同，不能以大学之教育学系代替之也；（五）师范年限亦应延长，不能缩短，大学毕业而仅受一年或二年之师范训练，定感不足也（见本月十日北平各报）。这些话，说来似乎都有相当理由，但细按之，没有一个理由可以说是十分确定不易，因其所谓"专业"，所谓"性质"、"环境"，皆不免失之于笼统，不容易得一个明确的观念的原故。

我们以为要讨论这个问题，应从师范教育的内容入手。所谓师范教育的内容，依我们想来，应该包含以下三方面。一是知识的本身，如外国语、国文、算学、物理、化学等等，这是所以为教的。一是技术的训练，如某科的教授法，某种教材的选择运用等等，这是所以行教的。一是教育学的研究，如教育心理学、儿童心理学、教育社会学等等，这是教授法、教材选择等等问题的出发点，应该成为少数学者的专业，普通做教师的人，自然不能不有相当的了解，但不能作为一种普通的训练。要是我们这个分析还不十分错误的话，我们可以看看，什么是普通大学所能做的，什么不是普通大学所能做的。

第一，知识的本身。我们实在看不出普通大学的物理、化学，或英文、算术，和师范大学的物理、化学、英文、算术，有什么性质上根本不同的地方。要说普通大学务"博"而师范大学务"专"吗？我不晓得所谓"专"的意义是怎么样。若所谓"专"是指单简而言，这是一个规模的问题，普通大学的"博"正不害于师范大学的"专"。若所谓"专"是指高深而言，这是一个程度的问题，不但师范大学要"专"，普通大学也必须要"专"。所以拿"专"与"博"来分师范和普通大学的课程性质是不对的。

我们以为目下国内大学的大病，正在没有做到"专"的一个字。我此处所谓"专"自然是指高深的"专"，而非指那单简的"专"。高深的"专"，我们要假定他对于基本的功课，有彻底的了解与确实的训练。对于专门的功课，曾做过广博的搜讨与独立的研究。这与所谓"课程的系统化，常识化，精攻不令偏枯，深入方能浅出"根本有点不同。我们以为一种学问，无论是自修也好，教人也好，必定要有心得，有源头，方能取之不尽、用之不竭。如单靠了口耳分寸，展转传述，自修固不能有成，教人尤不易发生信仰。拿任何一种科学作例，必须自己作过一点独立的研究，然后对于科学的原理和精神，有一个深切的了解，教起书来，自然头头是道，能引起学生的兴趣。在文学一方面，亦莫不然。除非自己能读能做，是不易得到学生的信仰、指导学生的途径的。所以我们以为目下大学的教育，既然同是向专的方向走，那么，他们对于知识本身的目的，可以说是一致的，更不必有什么普通大学、师范大学的分别。

第二，技术的训练。技术的训练，自然要有特殊的环境，不过环境还应该加以分析。我们以为一个学校所能给与学生最大的环境影响，莫过先生的学问与人格，其余的都可以说是次要。就师范教育说，一个善于教学的先生，他自己教学的方法，就是一个活的榜样。从他受教的人，当然在不知不觉中，得到许多好的教授方法，这岂不比读几本教授法的书强得多吗？又如要养成学生读书用功的习惯，必须有好学不厌诲人不倦的先生。所以我们以为若是教学技术的养成，有待于环境的影响，那么，先生的良否实为造成环境的最大关键。说到此处，我们又觉得这个问题，不是普通大学或师范大学的分别问题，而是某大学的教授是否良好的问题。除此之外，所谓环境问题，大概尚有实验学校的一件事。可是据我们所知，凡从前高师或现今师大所办的附属实验学校，不到几年都渐渐地宣告独立。研究教育的先生们，既然无法过问，学生们要去实习，简直同到外面不相干的学校一样的不受欢迎。所以有的附属学校，尽管办的成绩甚好，但与其称之为实验学校，不如称之为模范学校之为确切。无论如何，他对于教学技术的养成是不发生多大影响的。

第三，教育学的研究。从人性发展的方面说，从社会影响的方面说，教育学都有蔚成专科的可能，所以我们对于教育的科学的研究，认为是应该而且必要的。不过就人性研究说，教育学只是心理学的一种应用；就社会的关系说，教育学又是社会学的一个旁支。在合理的编制上，当然须与纯粹心理学及普通社会学合在一起最能得到研究上的便利。可是我们所不明白的，有的大学竟把心理学分成两组，在理学院有纯粹的心理学，在教育学院有教育的心理学。这不但是重床叠架，于经费上很不经济，恐怕于研究上也很不便利吧。在这种情形之下我们若是不愿听其自然，则应裁并教育心理学以就纯粹的心理学，不应裁并纯粹心理学以就教育心理学，当然是一定不易的道理，即小喻大，教育学在普通大学中研究，不比在师范大学中研究吃亏，似乎是可以断言的。

从上面所说的种种方面看来，我们得到一个共同的结论，那便是，凡现今师范大学所施行的训练与研究，无不可拿普通大学来代替。自然，我们所谓拿普通大学来代替，并不是说普通大学的功课，即等于师范大学的功课，而要经过相当的斟酌损益，方能适合于师范教育。不过，以现在国内较好的普通大学，和现在唯一的师范大学相提并论，而说师范大学所能授的功课、所能给的训练，普通大学不能授、不能给，设非别有成见，恐无人下此定论。即就延长师范教育的年限而论，与其行之于师范大学，不如行之于普通大学。因为在原则上，师范教育，既可以在普通大学中进行，则其教育的效率，当然须以其设备程度的高下为标准。设备好、程度高的自然可以事半而功倍，反之，则徒劳而无功，这也是事实的显而易见的。

末了，还有一层，我们要希望大家注意的，便是所谓历史的观念。旭生先生在他的《教育罪言》中说的好："这样不合理的事项，如果想有所改正裁并，那就要群起大哄，说我们学校有特别的历史。……殊不知……历史就是现实的自身，它本身就是不完备的、恶的。无论怎么样好的组织制度，如果贪恋着它，它一定要渐渐的变成一文不值的空壳子，以至于社会进化的障碍。"这个话是完全对的。我们看见近来一班中学程度的退化（这是近年大学入学试验所指示的）和小学教法的不好（这是我们一般有小孩的人所同感的），不能不对于这些教师及教师的教师的训练起了疑惑。我们以为师范教育确有大大的改革整顿的必要。我们上面所说的，都是就原则上立论，至于实际改革，应该如何着手，那是另外一个问题了。

1932年

导读 本文是作者在南开大学第十一次毕业式上的演说词。在演说的结尾，任鸿隽提到，最要紧的是怎样利用你的闲暇时间。胡适也说过类似的话。

烦闷与大学教育

我常常听见说，一个学年终了的时候，是学生们感觉烦闷的时候。烦闷的原因不只一个。大约说来，有属于季候的，如春天到了，有所谓春病（Spring fever）。有关于学业的，如年终大考到了，有考试的麻烦。有关于出身的，如学校毕业以后升学或谋事的困难。有关于时局的，如五月间纪念的日子特别的多，可以看出这个时期在我们的心中是怎样的难过！那么，烦闷是和大学教育分不开的吗？大学教育可以有解决烦闷的可能吗？照上面的说来，烦闷的原因可分为两类。一类是时季的，如所谓春病、考试等是。一类是非时季的，如关于职业及时局等等是。在学校以内，未毕业的时候，感到时季的烦闷多些，既毕业的时候，感到非时季的烦闷多些。所以大概说来，解决第一类的烦闷，是学校以内的事体，而解决第二类的烦闷，却是学校以外的责任，那便是说，每人都负有责任，连感觉烦闷的本人也包括在内。

解决烦闷有什么方法，这大约今天到会的人所急要知道的。我不敢说自己有什么巧妙的方法可以解决烦闷，但我可以单简地把我个人对于烦闷的见解说出来请大家指教。

我以为烦闷是生物生长过程中必不能免的一个现象。一棵树木，春夏发荣滋长，秋冬叶落枝枯，这秋冬的生气阂藏，就是树木的烦闷时期。不过树木的生长，却不因其叶落枝枯而有间断。我们若把一棵大树的切断面拿来看，可以看出它的一年一年的生长轮。在他的生长期之中，我们可以看出某年因天气的特变，它的生长受了妨碍，这也可以说是它生命中的烦闷。但只要生长力充足的话，它一定还可以继续生长，绝不因为一点烦闷损伤了它的未来的远大。因为树木不会说话，我们不曾听见它们发出什么叹息，闹些什么解除压迫的运动，可是我们相信生理的原则是一样的。人与国家同是有机体的生物，在他的生长过程中必定有一些烦闷的时期，这些，宁可说是当然的现象。不过人与国家与其他的动植物不同的所在，就是动植物的烦闷，完全听命于天然，而人与国家的烦闷，却有几分是由自己的力量造成的。因此，解决烦闷的方法，也有几分是自己的力量所能左右的。这可以说是人与国家超出一切动植物的地方，也可以说是人与国家不幸的地方。

拿这个眼光来看当前的国难，我们似乎用不着什么特别的惊惶。因为我们只要检查一下六百年来的历史，便晓得我们受过比眼前所受还要厉害的外患，已经不只一次了。至于中国历史的局面，可以拿孟子的两句话来包括，说："天下之生久矣，一治一乱。"最近北京大学地质学教授李四光先生发表了一篇文章，叫做《战国后中国内战的统计和治乱的周期》（见中央研究院历史语言研究所《庆祝蔡孑民先生六十五岁论文集》上册）。在这篇文章中，他得到了一些很有趣味的事实与结论。他的方法，是把历史的年代作横轴，历史上每五年内战的次数作立轴，把两轴中所得的各点连结成各种曲线。结果他找出每隔八九百年，历史上便有一个治乱的循环。例如，由秦至隋共八百二十年为第一个循环，由隋至明初共七百八十年为第二个循环，由明至现今约六百年为正在进行的第三个循环。在这三个循环之中，凡内战最少的时期，便是隆盛时期，如西汉、初唐、北宋、明清的初年是。反之，内战最多的时期，便是衰败的时期，如汉以后的东晋六朝、唐以后的五代、宋以后的元和明清末直到现在是。我们若承认这个历史的循环实际的存在，并且还在进行，那么，我们可以看出眼前的历史，正在衰败的时期中；太平天国时代和近二三十年来继续不断的内乱，便是造成这个衰败的大原因。同时我们也应该承认眼前的历史和宋明两朝的末年，有一个不同的所在，那便是现今世界大通，各种造成历史的新势力，在三百年以前或六百年以前所没有的，现在都在那里很有力的活动。我们处于这个时代，应当是一则以惧，一则以喜。惧的是"屋漏偏遭连夜雨"，我们正在自顾不暇的时候，偏遭了无理的邻人来和我们大捣其乱。喜的是眼前有不少新势力的发见，即使治乱的循环果然存在，我们此刻也有打破的可能。而这些新势力之一，就是现在的大学教育。

这一句看似重要说来仍甚平凡的话，我晓得诸位听了必定不免失望，说区区大学教育，哪里能影响我们目前严重的时局或改变历史的方向。我想这个看法，不免有自暴自弃的嫌疑。我们不见最近国联教育调查团的报告，不是把近年中国的一切新局面都归功于我们的大学教育吗（The Universities have Made What China is to-day）？自然，这句话应当加以相当的修正，才能合乎实际。譬如说吧，我们的大学教育，并不含有军事教育在内。如其现在的军人都受有大学教育，我敢说，中国的局面大约不是目前的样子！

大学教育何以能有打破历史循环的力量？我们曾经说过，凡所有的烦闷，都是生长史中的一个过程，那么，只要能够培养生长的力量，烦闷便可不解而自解。换一句话说，烦闷只好如树木之于冬天，用生活的力量来把它长过，不能用他种方法来把它避免。要培养生活的力量，第一要各个分子的健全。若是大学教育还有它的目的与意义的话，培养社会上健全与有用的分子，就是它的最高的目的与意义。你在大学毕业之后，可以做一个医生，一个律师，一个工程师，但你是不是一个社会的健全分子，还得待考。我曾经认识一个外国大学毕业的学生，他回国之后，便在北京（从前的）城南最热闹的地方僦屋居住。我问他何以如是，他回答说，因为于应酬上便利些。这样的心理是不是健全分子应该有的，希望大家评判一下。我又晓得一个留学生，在外国之时颇有一些电学上的发明，的确是一个有希望的人才。可是回国之后，稍稍任了一点有财钱关系的职务，他便卷款而逃。这个人固然从此毁了，社会事业也不消说受了很大的损失。这可以证明一个人的人格不健全，就是有了学问，于社会也不见得有什么益处。古人说："士先器识而后文艺。"我们现在教育的口号，应该是：先人格而后技能。第二，各个分子要能对于一个目的而合作。一个生物的发展，健全的分子固然重要，各分子间的合作尤为重要。设如一个人的身体，手不司动，脚不司步，胃不司消化，血脉不司营养，那么这些机官尽管良好，这个人的身体必定不能一天活着。人们与社会的关系也是一样。我们常常听见人说，我们的东邻日本人，就个人说来，似乎都赶不上中国人的聪明伶俐，可是就团体说来，他们处处都比我们强得多了。这就是因为他们的分子能合作而我们的分子不能合作的原故。这大约也就是我们偌大的中国要受我们小小的邻人欺凌的一个最大原因吧！设如几年的大学教育，不能养成一个合群、克己、向一个较大的目的而通力合作的习惯，我们可以说他的大学教育是一个完全的失败！

我们上面曾经说过，人与国家的烦闷有一部分是由自己力量造成的，因此，解决烦闷的方法，也有一部分是自己的力量所能左右的。我们希望社会上健全分子的增加，即是造成烦闷力量的减少。同时这些健全的分子能够通力合作，向着完成一个较大的较高的组织进行，那便是生活力量的增进。有了强大的生活力量，我们还怕有什么烦闷不能解除！

在此，我还要就便向今年毕业的同学说几句话。大凡一个生物的生长是要继续的。不长则死，不能中立。这句话在身体方面是真的，在知识方面也是真的。诸位在校几年，知识能力一天比一天不同，一年比一年长进，这是诸位的先生都知道的，也是诸位自己知道的。离开学校以后，诸位的身体当然还是一天一天的生长，这是无可置疑的。但诸位知识人格方面的生长如何，便大有问题了。职业的忙碌，（如其你得到职业的话），娱乐的引诱与社会一般风气的趋向，都可以使你渐渐离开学问的空气而趋向于平常庸俗的道路去。换一句话说，就是你的知识有停止生长的可能。这在普通的人倒也罢了，若是大学毕业的朋友，而让你的知识生命半途夭折，那就等于宣告你的平生事业停止上进。

这不是一件最严重而值得我们的注意的事吗？要免去这个危险，我奉劝诸位毕业同学，不要因为离开了学校而离开你的两个朋友：一个是你心爱的书籍，一个是你佩服的先生。你须知道书中的道理，等你到了社会上得到实际的证验，方才觉得明了亲切，而你的先生，在客厅中比在课堂中更能帮助你。最要紧的是怎样利用你的闲暇时间。西方哲人说："一个人的成功失败，不在怎样的利用他的正经时间，而在怎样的利用他的闲暇时间。"这真是一句至理名言，值得我们常常放在心上。

总结起来，我要再引一句古人的成语，说，"譬如行远必自迩"，我们要救人必先自救。我现在很恭敬的祝毕业诸君今后事业知识继续的长进，那也就是解除我们国家烦闷的一个方法。

1933年

| **导读** | 择师从社会的角度讲，是一种民主的体现；从学生个人的角度讲，体现了学生个人的意愿，尊重了个性的发展。择师的前提是学生具备了做出正确选择的能力。

论所谓择师自由

近几星期以来，南北各大学内似乎发生了一个什么运动。运动的形式最激然的，要算暨南大学。据报载暨南中学部的学生们，因为不满意中学主任邝嵩龄办事严厉，拿着宿舍内的铜床铁柱，一直把邝先生赶出校门。后来大学部学生也起而响应，暨南校长郑洪年出来干涉，他们便又如法炮制，要赶郑校长。这个风潮，听说最近还不曾解决。

在新历年前，北京大学的学生会议决了一个议案，向学校当局提出了几个要求。这些要求中最重要的一个，便是学生应有择师的自由。听说其他大学的学生们，也有同样的举动，只是还未至于表面化罢了。

择师自由这四个字，可以代表许多学校风潮的动机，虽然他们的动机不一定是纯一的，他们表现的方式也不定是一致的。这个题目，看来既是新鲜，自然很容易引起青年的热情不知不觉的起而为它奋斗。不过它在理论上是否讲得通，在事实上是否做得到，似乎值得我们研究一下。说也奇怪，我们中国人神龛上供的五位尊神，只有师的一位，是有选择的余地的。天地与亲不消说了。古人对于君，虽在列国并立的时代，便有"君命天也，天可逃乎?"的信条，便有"一旦委贽，终身不改"的道德观念。所以虽说"良禽择木而栖，良臣择主而事"，但这个择的自由也就有限得很了。独至从师一道，我们自来不闻有限制选择的规定。所以陈良之徒陈相见许行而大悦，可以尽弃其学而学焉。孟子说："逃杨必归于墨，逃墨必归于儒"，都可以证明自来求学之士，对于择师是绝对自由的。择师既然本是自由的，所以向来就没有人想到"择师自由"的话。如此说来，"择师自由"这一句话，即使不是舶来的物品，至少也是近时的发明。

择师自由这句话，既是近代的发明，我们要问它究竟是从什么地方发生的。这无疑地，是有了近代学校之后，这个问题才会发生。因为学校的组织，一方面固然是代表国家或社会的意志，要给社会上将来的分子一个受教育训练的便利，一方面包罗众派，荟萃群流，又如大都会的百货商店，把各种商品都陈列在玻璃窗内，让顾客去自由选择。所谓择师自由这句话，如其还有相当的意义，必定是与学校的组织不能分离的。但是一说到学校，我们不要忘记，由小学以至大学，都在学校范围之内。如其大学的学生有争择师自由的必要，我们以为小学的学生更有充分的理由来争这个自由。这是因为：

一、小学教育多半是强迫的。教育既不自由了，不得已而思其次，唯有得到择师的自由，还可以使学生们有一个调剂的地方。

二、小学教育多尚兴趣，教师与学生既有成人与儿童的分别，他们的兴趣自然彼此冲突的更多了。因此，学生对于教师，愈有选择的必要。

可是我们最奇怪的，乃是所谓择师问题，绝不发生于初等小学的强迫教育，而常常发生于中学以至大学的自由教育，这又是什么原故？

小学生有择师的必要，而不发生择师问题，这是因为小孩子容易压制，使他们不敢有自由表示意志的机会吗？我想这未必然。实际上说来，我们若承认小学生们有自由择师的权利，我想他们也能闹得不亦乐乎。不过无论怎样持放任主义的教育家，从来不闻有主张小学生要有择师自由的。这不是剥夺小朋友们的权利，这是直截了当的不承认他们有选择的知识与能力。同样的理由，可以应用于中学及大学的学生。因为中学与大学的学生与小学生比起来，他们的知识程度自然高得多了，可是他们对于他们要学的学问，对于他们的教师，其无能力去加以判别选择，也和小学生对于他们的学问教师一样，所以我们可以说，中学或大学的学生尽管有择师的自由，但他们能择不能择，乃是一个事实的问题。

我说这句话，也许有些大学及中学的学生不能承认。他们可以说，他们对于教师学问的深浅，虽然不能判断，但教师教法的良否，是他们直接经验的，应该有判断的权利。我们以为这话有对有不对。对的是在大学高年级以上的学生，他们不但能判断教师的良否，并且能知教师学问的底细。不对的是大学低年级及中学的学生，他们不但不知教师学问的底蕴，并不能判断教师的良否。这有以下的理由。

第一，大学高年级及研究院的学生，他们功课已渐进于特别专门，他们对于所从学的教授，平时也有了相当的知识与信仰，所以说他们对于教师不能有一个相当的判别是不对的。不过在这一类的学生，他们对于自己的学问前途早已经过了相当的考虑，择师的问题，可以说是早已解决的了。我们只看近年来学校的风潮，从没有由大学高年级或研究院发生过，便可明白我们此言不是随便说的。

第二，大学低年级及中学的学生，他们的功课，不外乎各门科学的引论及某种功课的练习。关于引论的功课，他们不容易知道教师的深浅，这是自然的道理。我们不难举出许多有名的科学家而同时又是很坏的讲演家的例子。设如让低级的学生去选择，这一类的学者必定在应该排斥之中了。然而同时在指导研究及帮助学业上，他们是识途的良马。又如关于练习的功课，学生们每喜欢宽大松懈而厌恶严厉认真的教师。设如拿这样的标准去择师，那岂不是与教育的目的背道而驰吗？我们只要看看许多不主张严格训练的学校，教员与学生倒可相安无事，而闹风潮的每每出于比较认真的学校，这中间的原因何在，可以推想过半了。

照上面所说的看来，择师自由这件东西，用得着的似乎已不必要，而闹着要的似乎又用不着。这大约可以说明，无论在我们不自由的古时代，或在现今极自由的任何国度内，这一种自由，还不曾被人提出为争人权的一种口号罢。可是自由是好东西。若是现今的学生们，觉得现今学校的组织不能满意，教师的选择，实于个人的学业前途有不可分离的关系，那么，我们不妨提出一两个择师的方法以供参考。

第一，择师自由，既系因有学校组织而后发生，那么，我们以为与其择师，不如择学校。因为在现今学校林立的时代，某校长于某种课程，大概在社会上是有定评的。而说某校长于某种课程，即无异说某种功课有某某著名学者在那里担任教课。一个学生要投考什么学校，完全是自由的。所以以选择学校为择师的手段，即是行使择师自由的一个最简便的方法。这个方法，在外国的学生间，可以说是日用而不知的。所以他们没有什么择师自由的口号，他们却实实在在享受了择师自由的好处。我们国内像样的学校已渐渐多起来了，大可供学生们的选择，我们何妨试行一下呢?

第二，如进了学校之后，再发见教师的怎样的不行，这当然还可以向学校当局提出合理的要求。如其学校当局不听我们的话，我以为唯一的方法是退出学校，然后在校外以个人的资格，发表学校的腐败或教师的不称职，以求社会上的公正评判。这样，在个人方面固可以达到择师的目的，在学校方面也不至演出学生选举教员的怪现象；至少不至于如罗兰夫人所云："自由，自由，天下许多罪恶，假汝之名以行。"

1934年

| 导读 | 本文所谈在大学设立研究所和留学的政策，对于这两个方案，应该说任鸿隽都是支持的，尤其是在大学设立研究所。而对于留学，本是很重要的，但留学的花费过巨，可以请国外一流的学者到国内来。

大学研究所与留学政策

近两年来，我们教育当局对于高等教育的设施，有两个重要方案：一是大学研究所，一是派遣高级学生出洋留学。这两件事，后者已见实施，前者方在筹备，但它们都不失为近年高等教育的重要计划。它们实行起来利害关系如何，值得我们讨论一下。

本来一个大学，应该是造就人才的完全组织。那便是说，如其一个人的聪明才力和他的物质环境都能允许，他可以在这里养成治学的能力，使他成为一个独立的学者。这在外国有历史的大学是显而易见的。举一个例来说明。比如一个学生在大学本科毕业之后，他的成绩既不算坏，他的志愿复倾向于造就学术一方面，则他必定在大学里继续他的学生生活。他可以入毕业院做研究生，也可以在某学系某教师手下做助手，但他与他的专门学问便在此开始了相知之路，结下了不解之缘。如此几年之后，他可以渐渐的有研究结果发表；他的研究结果越来越精，他的地位也就越来越高，久而久之，他便也就成了此道学术中的威权者，而大学造就人才的职责才算于此告毕。所以就大学本身说，除非有毕业院的组织与高深研究的设备，不能算是名副其实。严格说来，凡没有设立毕业院或研究所的都不能称为大学。这个定义，可以说是竖的定义。它是以程度的高深来定大学的标准的。我们教育部近年规定大学的组织，要有三个以上独立学院的方才可称大学，其余凡只有一个独立学院的都只能称学院。这是以范围的广狭来定大学的标准的。这可以说是横的定义。横的定义，虽然可以革除许多组织不完、规模不备的野鸡大学，但对于提高大学程度的一层并不发生影响。不特如此，有许多学校，因为要勉强适合教育部的规定而保存一个大学的名称，于是本是工科学院，而无理的添上些文科理科。结果，大学是成功了，而学科程度则毫不加高，甚且因经费少而设科多的缘故，大学的学科反而比专科的程度低。这不能不说是当时规定学制者千虑中的一失。

从这一点看来，我们教育当局现在积极的提倡大学研究所的设立，不能不说是教育政策的一个转变与进步。因为我国办了几十年的大学，毕业的学生虽然一年比一年的多，但造就的人才却不能与大学的毕业生作正比例。这岂不能告诉我们从前拿范围的大小来作大学标准不是一个根本与切实的办法吗？

在我们的大学还没办到设研究所的程度，派遣留学自然是一个不得已的补救方法。因为在这个当儿，凡是不能在国内大学得到的训练，只好在外国去充补。但这个情形，如长此继续下去，则国内的大学只能永远给外国大学做一个预科。而且能出洋留学的人数究竟有限，将来我国各项建设需才甚多，也不能靠外国大学来替我们供给。所以在我们的大学已渐次发达，大学内设研究所已渐到可能的时候，遣派留学与设立研究所便多少含有一种矛盾性，而不容我们不做一个于斯二者何先的选择。

说到此处，我们以为第一当考虑的是研究生的问题。我们晓得大学研究所的成功，不单是靠有设备与导师，而且还要有研究的学生。在目下留学政策盛行的时候（有中央派遣，各省派遣，及各庚款机关派遣种种的不同），凡在学校成绩较优，学问欲较高的毕业生，谁不愿意去应留学试验，而偏要死心踏地在本国学校中做一点研究工作？这是近两年来清华北大招收研究生所得到的经验，也是我们所听到的国立大学教授们一致的叹声。本来我们大学造就的优秀人才实在有限，每年几十百个留学生的派遣，已有伯乐一过冀之北野而马群遂空之感。设如放低程度，勉强收几个研究生来凑成门面，又与设立大学研究所的用意恰恰相反。所以我们以为留学政策，直接的是有妨于大学研究所的发展的。

第二，我们要考虑一下经济问题。我们记得教育当局有一次在某处发表一个统计，说民国二十二年一年的留学经费约需九百九十万元，这个数字已足惊人。又据《教育杂志》上王云五先生的计算，民国二十年出洋学生七百二十八人，设定每人留学四年，所需的费用不下八百万元。又设这样情形继续十年，则此项费用为八千万元。因每年留学生的数目都有增加，前后搭计，每年的留学经费决不在一千万元以下。这笔经费若拿来办大学研究所，固可以开办一二十个而有余，即用它的半数，也有十个八个不愁设备费与经费的无着了。

根据以上两个考虑，似乎自然的结论便是停派留学生与速办大学研究所。但是事情没有那样简单。设如国内没有可以代替外国大学为我们制造专门人才的机关，则停派留学生即等于断绝了自己上进的道路。我们以为三十年前请外国学者来中国讲学的风气，此刻还有恢复的必要。从前因为国内无人，不能不请外国学者来教我们初步的学问；现在因为国内已有相当的人才，尤其要请外国学者来引导我们做专门的研究。从前的请外国学者，可以说是浪费；现在的请外国学者，可以说是经济政策。问题是我们所请到的是不是真正的学者，能不能做我们的导师罢了。能够做到这一层，我们的大学当然可以渐渐的提高程度而达到大学的目的，而留学生的派遣也可以减少到必不得已的至少限度。留学的政策是已经试验过的，借材异国提高大学程度的办法，是还未曾试验过的；我们希望负高等教育责任的人注意这一点！

1934年

导读 本来写完上一篇文章，任鸿隽的想法已经表达得很清楚了，但由于出现了汪敬熙等表示反对的文章，任鸿隽不得不再次执笔，进行答复。他坚持请国外学者到中国来的理由有三：一、中国人尚不能自己办研究所；二、留学回国的中国毕业生尚不能指导研究；三、国外真正大学者的影响力、感染力，国内无人可替。

再论大学研究所与留学政策

《大学研究所与留学政策》，是十二月二十三日我在《大公报》发表的一篇星期论文。想不到这篇小小的论文能引起国内学界多数的注意。据我所晓得的，《大公报》记者在这篇论文登出的次日即发表了一篇《出洋留学与考察》的社评，指出目下留学界的种种流弊；在本刊上有姚薇元先生的《大学研究所与学术独立》一文，则是补充大学研究所设立时应该注意的一些情形。这些可以说是赞成我们的主张的。此外尚有汪敬熙先生一篇《也谈谈大学研究所与留学政策》（见一月三日《大公报》）对于我们主张"借材异国以提高大学程度的办法"，大大的表示不赞成。因为汪先生说："这种（办研究所的）苦力，是应该由本国人担任的。如果我们没有这样的人才能创办大学的研究所，我们这民族就不配有高等教育。如果有而偷懒不肯下这苦力，反而希望他国人来代做，这种民族也是下流的。"汪先生的全篇论文，并非不赞成办研究所，而是不赞成请外国学者来办，所以我们不妨再就此点加以讨论。

我现在第一要声明的，是在我那篇星期论文里面，不但没有请外国人来代我们做研究的话头，也没有请外国人来代我们做研究的意思。我只是说，"现在因为国内已有了相当的人才，尤其要请外国学者来引导我们做专门的研究。"外国学者既然居于引导的地位，那么，研究的工作当然还是我们自己做的。至于请外国学者来指导我们研究是否便成了"下流"，便"不配有高等教育"，这个断语恐怕除了汪先生之外是没有敢下的。

第二，国内的人才是否已有办研究所的程度，似乎也是我们和汪先生争论的一个问题。我们的意思，以为国内的人才不够用，所以要办大学研究所，便有借才异域的必要。汪先生也说："人的数目只够办一两个大学的，现在国内大学如此之多，把这些人都抢散了。"所以国内人才的不够，也是汪先生所承认的。我们争论的上半段既没有问题了，问题在下半段，那便是：办大学研究所是否有借才异地的必要？关于这个问题，若是汪先生承认所谓借才异国，只是来做我们的指导而非代替我们研究的话，则此问题又可以分析成两个问题：一是在外国学者指导之下，是否能促进我们的研究工作？二是能做我们研究导师的外国学者是否请得到？现在我们先从第二个问题讲起。

诚如汪先生所说，请外国学者不是一件容易的事，但这个情形也未尝没有例外。第一，我们晓得外国的教授大概都有几年一次的休假，而这个休假，他们大概是愿意在国外利用的。其次，则尽有因为特殊的情形，有些大名鼎鼎的学者也愿意把他们的毕生事业放在未曾开始的荜路蓝缕工作上。眼前在我们左右的古生物学者葛利浦先生是一例，曾在中国数年，对于中国农业有大贡献的洛夫教授又是一例。至于如德国因国社党执权，排斥犹太籍教授，致许多举世宗仰的学者都要避地他适，尤为可遇而不可求的机会。倘使我们早有政策与准备，这个机会，又未尝不可大大的利用。所以我们不必担心请不到外人，问题还是我们自己有没有请人的决心与准备。

第二个问题——在外国学者指导之下，是否能促进我们的研究工作——我们以为这是不成问题的；成问题的，乃是外国学者来到中国，他自己能否工作。因为要他自己能够工作，然后指导研究的工作方能着手。汪先生说："外国人不是傻子，他们不在他们国内已经组织好的研究所工作，而来到中国经过一番苦工方能做到工作的程度，并且工作时有许多不可免的不方便呢？这个话固然不错。不过我们不要忘记，我们所讨论的是大学研究所。这种研究所，一方面固以施行研究为重要职务，一方面又以训练人才为应有的责任。如其训练人才的责任心和开创事业的冒险心，有时能使他们轻视一点研究上的不方便，也不能就算是傻子。况且如汪先生所说："自一九二五年以后，中国人发表的在国内做的工作渐渐多了，这是一个好现象，表示国内在各种学问上能工作的人渐渐多了。"我们要问：如其在目下情形之下，中国人能工作，为什么外国人来就不能工作？唯一可能的答语，是外国人不及中国人肯吃苦，这一层乃是肯不肯的问题，非能不能的问题，我们上面已经讨论过了。

以上把汪先生不赞成我们主张的几点大致交代过去，现在让我们再来讨论一下请外国学者的是否需要。

一、中国人才尚不够办研究所，是汪先生同我们所公认的。汪先生虽然又说在国内各种学问上能工作的人渐渐多了起来，但若切实按之，我们便觉得这所谓多也实在可怜。我们晓得国内科学实在算得能够自己工作的只有地质、生物两门，它们发表的成绩较多，数量较富，其次便是汪先生有关的生理科学及极少量的物理、化学而已。但是这几种科学已是经过了十年、二十年的提倡，其中且有不少外国人的帮助。如其我们情愿再等十年、二十年方看研究所的成功，当然还可以耐心的做去。如其不然，则取才异国以帮助我们研究事业的发展，恐怕是不可少的步骤。

二、派遣留学生，固然是造就专门人才的捷径，但这能够解决我们研究所的问题吗？决乎不能。我们不必一概抹煞的诅咒留学生不好。从好的方面看，我们不能不承认近年留学成绩的优美，学成归国的专门人才亦所在多有。但这些人自己工作也许可以，指导研究便成问题。因为计划及指导研究工作，不但对于某种学问要有精深的知识，而且要有博大的了解，这些不是初回国的学生所能有的。我们上面所说的国内已有相当的人才，正是因为他们还在学习而非可教人的程度。我们现在的问题，是叫他们怎样的不致生锈，至于要他们自己发光，恐怕还需要相当的磨炼吧。

三、一个真正的外国学者能与我们的兴奋与影响，不是任何多数的本国学者可以代替的。两个月前，美国的物理、化学家诺贝尔奖金领受者朗穆尔博士来华游历，在北平讲演两次，当时北平科学界人高兴极了，大家都有愿从受业的感想。设如有这样的人一个在研究所，则不但学生会受其感动工作不懈，即其他教授亦必能引起无穷的问题与兴趣。一个研究所最重要的条件，是勤奋的精神与商探的兴趣，而这种空气，大半是靠一二个人造成的。

讲到此处，我想我们和汪先生的意见并无什么不同之处，我们的问题，是如何利用人才（中国或外国）以促成研究所的实现而已。不过我们因为中国人才不够用，所以有借才异国的主张，汪先生则主张先有研究所然后请外国学者。这一点分别，也许可以使中国的研究事业迟缓几十年！

1935年

导读 "在抗战建国纲领内,教育部门曾经特别制定了两大目标,一是注重国民道德的修养,一是提高科学的研究。提高科学的研究,固然是推进一切科学事业的本源,包括有培养专门人才及奖励特殊发明等设施在内;但要以教育的力量诱导民智,培养民力,而后将民力、民智集中于抗战建国事业之中,去促其成功。这种任务除非由科学教育入手是不易完成的。关于国民道德的修养方面,暂且不述,本文所要叙述的,是科学教育方面,亦即是科学在推进教育事业中的任务。"

科学教育与抗战建国

大家知道,抗战建国是我们中华民族当前的一个最伟大最艰苦的事业,现在我们却要把它拿来和教育科学连带讨论,这有下面所列的两个理由。

第一,抗战建国需要两个因素,就是人力和物力,但人力、物力非经过科学的陶铸,不能发生最大的效用。譬如说罢,我们中国自来号称地大物博,人民众多。但埋在地下的铁矿,做不了摧毁敌人的大炮,更做不了建设必需的轮船铁轨。说到人力,我们知道,现代的世界已经不是斗力的世界而是斗智的世界了。那就是说,我们的战争虽然是斗力,但是这个力字应包括智力,即知识的力量在内。在战时的武力竞争是这样,在平时的建国奋斗也是这样。

第二、西方圣人亚里士多德培根有一句名言,说"知识就是权力"。我们在抗战建国的过程中,如其尚感觉到权力的不够,那一定要归结到我们知识不够的一个结论上去。讲到知识,我们要知道只有科学的知识才是真知识。那就是说,科学的知识是经过严格方法的整理和众多经验的证明的。所以这种知识可以作格物穷理的本源,也可以作利用厚生的根据。一个民族如其对于这种知识没有相当的培养，我们可以断定这个民族对于现代社会的生存条件必定还不曾具备。反过来说，我们如要抗战必胜、建国必成，必定要用科学教育来养成我们特别需要的人才，方能有济。至于科学教育何以为养成抗战建国人才所必需，留待下面再说。

我们记得在抗战建国纲领内，教育部门曾经特别制定了两大目标，一是注重国民道德的修养，一是提高科学的研究。提高科学的研究，固然是推进一切科学事业的本源，包括有培养专门人才及奖励特殊发明等设施在内；但要以教育的力量诱导民智，培养民力，而后将民力、民智集中于抗战建国事业之中，去促其成功。这种任务除非由科学教育入手是不易完成的。关于国民道德的修养方面，暂且不述，本文所要叙述的，是科学教育方面，亦即是科学在推进教育事业中的任务。

下面我要分三步来叙述，第一是科学教育之意义，第二是科学教育之内容，第三是如何推进科学教育以利抗战建国。

一、科学教育之意义

所谓科学教育，其目的是用教育方法直接培养富有科学精神与知识的国民，间接即促进中国的科学化。科学是二十世纪文明之母，是现代文明国家之基础。已为大家所共知。所以要中国现代化，首先就要科学化，抗战需要科学，建国亦需要科学。国内科学化运动，不是已有很高的呼声么？除呼声之外，要促其实现，教育方面就是最重要的一条途径！亦是最切实的一条途径！为什么呢？

第一，因为科学教育可以养成科学的精神，教导科学的方法，与充实科学的知识。教育的范围，并不限于学校，可是只就学校方面言之，科学教育应当是学校功课的重要部分。学生学了物理、化学、生物等科目，就可以得到自然界明白准确的知识。读过物理学，他们会知这自然界可怕的闪电，人们亦可以利用来装置电灯、电铃、电风扇、电话等；所以闪电并不是鬼神的作祟。凡理化生物等科目所授予者，都是这一类知识，将自然界许多似乎是神秘的东西，都解释出来了。这是关于科学的知识方面。当学生学科学的时候，又知道了在实验室中怎样证实课本内所说的真理与事实，较之不经过科学方法而只信别人传说者更准确可靠，无形中学生又学会了科学的方法。学生们既熟习了科学方法，于是凡事不轻信，不苟且，求准确，求证实，这就熏染了科学的精神。我们知道非但自然科学知识极为可贵，其方法和精神亦同样地可贵。学生经过十数年小中大学里科学课程的熏陶以后，将来无论跑到社会上哪一个角落里去，都会利用其已获得的科学知识、科学精神与科学方法，而促进科学化运动。这是指一般科学课程而言之。

第二，因为科学教育可以培栽新进技术人才。高等专门科学教育，除理科而外，如农、工、医、矿、水利、水产，其目的就是在养成技术人才。无论前方战场与后方建设事业，都需要大量的干部技术人才。现有国内少数技术人才，决不够分配，必有待于补充。而技术人才之训练，非用严格的教育方式不可。由工厂学徒出身的熟练工人，决不能任工程师；在医院里稍学些某药可治某病的下级助手，决不能任医师。所以在抗战以前创办的医、工各校，在战后非但要努力继续，并且更须扩充。其理由就是抗战建国事业愈紧张，技术人才之需要亦随之愈亟。这些干部技术人员的训练，就是现在高等科学教育的任务。高等科学教育愈发达，新进技术人员在量的方面愈众多，在质的方面也愈优秀，结果抗战建国的力量也就愈充实愈强盛。

第三，因为科学教育可以提高科学文化的水准。过去许多文化界的人士，都在各方面努力，如出版界、新闻界、文艺界等，在推进中国文化事业上曾有相当的成就。但是大家对于促进科学文化方面所表示的力量却是薄弱些，这是无可讳言的。许多学科学的人，有的起来组织科学团体，如中国科学社、中华自然科学社、中国科学化运动协会等，来发动科学化运动，可是这种科学团体出版刊物往往是出版界销路量少的刊物（有少数例外，如中国科学社出版之

《科学画报》曾销至近二万份），其书籍亦是各书坊所最怕承印者。而各科学家在有讲演的时候，亦往往对于听众不易引起兴趣。这种种缺点，只有在科学教育方法去充实，去认真办理，把学生的科学程度提高，方才可以补救一部分。学生的科学程度提高之后，科学文化运动就添了大批的生力军。以后科学在文化运动中，可以和哲学、文艺、新闻出版等各界分工合作，促进中国之现代化。

从上面看起来，科学教育最利于普及科学精神、方法与知识，最利于产生新进高等技术人员，最利于提高科学文化水准。这是科学化运动的捷径，也是科学化运动的大道。教育家应赶紧负起责任，从速充实科学教育，促进科学教育之发展，以求中国之科学化！

二、科学教育之内容

我们既已知道了科学教育之意义是这么重大，那么科学教育里面究竟应该包括些什么呢？鄙人以为科学教育里面应该包括的有下面三种。

第一种是普通理科教程，如数学、物理、化学、生物之类，这些是基本科学知识。每个学生，无论学政治、经济、文学、美术、史地、哲学，都应该学习的。尤其是中小学的理科教程，必须认真教授。我记得我们以前在中小学里读书时，学校里最注重者是国文、英文、数学三项。对于博物、理化等科，和音乐、体操一般，不受人注意。前十五年或二十年，各大学里，文科学生往往超过理科学生几倍。一大半原因，还是中小学的根底不好，所以进大学之后，对于理科即缺乏兴趣。当初中小学理科科目不被注重之原因，一则是教材不充实，二则是师资感缺乏，近一二十年来经过科学界人士之努力，教材课本已由用外国课本，抄袭外国课本，而至自己编著课本了。如教动植物学，以前用的课本，往往讲外国的动植物，教师讲的时候不能拿本国标本来作教材，以致引不起学生的兴趣，现在此种弊端已可以避免了。此外科学名辞已多数有适当译名，亦可以不用外国原本了。所以今后理科教材应当较以前便利。此外自大学理科充实以后，中小学的教师亦增多；最近教育部为增加中学师资起见，更扩充了师范学院，产生各科师资，理科师资当然亦随之增加。故中小学的理科师资将不感缺乏，一般的理科教程当更为充实。以后只希望各学校认真办理，不要如以前那样使英、国、数三项畸形发展才好。

第二种是技术科目。这里面包括农、工、医、水产、水利、蚕桑、交通、无线电等专门学校，以及医院所附设之护士学校等而言。无可讳言，我们的专科学校太少，培植出来的人才不够用。例如以医学校而论，全国国立的还不上十个，每年毕业的学生还不足五百人。幸自抗战以来，敌人虽蓄意破坏我文化机关，但已成立的各专科学校仍继续在安全地方办理，甚至尽可能地加以扩充，新进人才不至于缺乏。当然最感困难者为师资不够，设备艰难。虽在这种困难情形之下，各校主持人仍本其奋斗精神，为国家培植人才。如医学校在后方各大都市已每处有一所。其他如工、矿、农、水产等，和医学一般，皆为科学教育之主要部分，非但不可片刻中断，并得要随时尽可能加以扩充。最近积极从事建设事业的苏联宣布第三次五年计划，其中建议训练技师及各种专家一百四十万人，受有高等教育之专家六十万人。这个数字给我们看来太骇人了，但我们希望五年中能有这数字之十分之一的专家，已足增强不少的抗战建国的力量了。

第三种是社会教育中之科学宣传。在西洋各先进国家，其国民教育较我国普及得多，尚有博物馆、科学馆之设立，将科学常识灌输给一般市民；我国文盲既多，教育普及的程度远在他人之后，社会上一般人迷信过甚。如在许多穷乡僻壤的地方将疾病认为是鬼神作祟，甚至社会上许多地位崇高的领袖人物还在相信看相、算命、扶乩等事。这种缺乏科学常识的国民，在现今的世界里是无法生存的。故对于似乎很浅显的一般科学常识教育，其需要应更甚于上述二项。

以上略述了我国所需要的科学教育的内容。

三、如何推进科学教育以利抗战建国

我们既已明白了科学教育之内容，有理科教程，有技术专科，并有社会教育中之科学宣传材料；然则究竟应当如何推进，使之配合于抗战建国事业，以达到克敌兴邦的目的呢？我觉得根本上应该：第一，训练好的师资；第二，供给好的教材；第三，提倡科学研究工作。

我们先谈师资问题。我记得刚在抗战发动之前，教育部曾办过医学校里生理学及解剖学师资训练班。抗战开始以后，这些教师都到各医学校去服务，并有供不应求之势。各种科学教育所需要的师资很多，向来由大学理科各系毕业生去充任；现在则有师范学院之创办，在这学院内预备供给各中学校理科教员，这是比较有计划的办法。不过我们对于训练的标准，希望要认真，要提高，非但着重教材内容，还要注意教授方法。将来他们任教师时，即可提高中学校学生的科学训练。同时现任的中学理科教师，希望其时时刻刻不忘自我教育，非但要每天教人，还要自己教自己，自己求长进，本着"苟日新，日日新，又日新"之意；重视自己的教业，寻求"诲人不倦"的乐趣。尤其对于教授法时时加以揣摩，使干燥无味的科学知识，讲授得活泼生动，使每个学生都会感到兴趣才好。

其次谈到教材方面。上面我们已经说过，现在理科教材，经多年来科学家的努力，已较以前充实，如地质、生物、理化各方面，已有许多本国材料。这些材料，应当可以编就好的课本，制备本国标本。又仪器方面，现在国内亦有自己制造的机关，希望竭力并从速加以扩充和利用。每个学校都应当充实理科教材，因为科学教育是不能一刻离开标本仪器与实验室的。同时我们要准备供给这种需要，编好的教本，制好的标本、好的仪器，办好的实验室。没有这几样东西，根本就谈不上科学教育。至于高等专门技术所用的教材，现在只得由教授们努力设法，因为多数仍须仰给于外国课本、外国仪器。只希望当局对于

采办方面给予相当之便利。不过在抗战建国期中，一切事业之进行，必有无数困难。这些困难希望各教师要因时因地努力克服之。例如活的教材，即适合于时代，适合于抗战建国事业之教材，这种随地随时取材，亦就是上面所说要教师之自我教育适应之。如在医学校内附设战地救护，即是适应时代需要之一。至于社会上一些博物馆或科学馆所需要的标本、图表等，就国内已有者已足够用，事实上只需要推广而已，其责任在各地方本地当局者负之。

除开师资及教材之外，还有一个重要问题，对于推进科学教育有绝大关系者，就是科学研究工作。上面说过，现在理科教材，已有许多本国材料，如动植物等是。这种收获，都是多年来各科学专家埋首研究之结果。即如上段所提的随时随地取材一项，一方面固赖科学教师自己的努力，一方面仍有赖于科学专家的研究。如在四川教动植物，因地取材，其教材必比北平、广州或上海所教的有些不同。此时就需要动植物学家在四川先作一番研究工作。如在战时教化学，不得不添些毒气、烟幕弹等材料，最好取敌人处得来的现成材料而研究之，再编写教材，这是最基本的工作。我国科学研究工作之进行已有十余年，现在因为抗战建国关系，应当更紧张更努力。供给适合时代之科学教材，亦当为其研究目标之一。

有好的师资，有好的教材，有科学研究工作，则抗日建国所需要之科学教育，必定可以很顺利地向前推进了。

四、结论

我们说抗战建国事业为什么需要科学教育呢？因为科学教育可以普及科学精神，方法与知识，可以培植新进技术人才，可以提高科学文化的水标。科学教育的内容是什么呢？是中小学的理科教程，是各种技术专科训练，是社会上普及科学知识的宣传工作。怎样去推进科学教育呢？是要靠良好的师资，良好的教材，与继续不断的研究工作。

让我打一个比喻。我们中华民族好像是一只大船，在汪洋中驶行。现在抗战建国时代好像是这只船遇到了暴风雨。我们在抗战建国时期中进行，亦就像是这只大船在暴风雨的汪洋中挣扎一般：成功就是这只船达到了目的地，失败就是船的颠覆与消灭！这里科学技术人才好比是机器间的机务人员；以适应暴风雨时代的需要，其任务之重大就可想见。机务人员虽不能说比其他船员更重要，但亦是重要人员之一部分。机务人员既有其重要性，我们就应当充分培养这些人才，不要使船到紧要关头，束手无策，这就是科学教育在抗战建国期中的任务！

1939年

┃导读┃ 《庄子》中讲："吾生也有涯，而知也无涯。"在科学研究领域，更是学而无涯。当发达如美国者，仍然努力在科学研究领域有所进展，其他国家更应快马加鞭，不停追赶，所谓知耻而后勇。

前无止境的科学

这个题目是美国新近发表的一本政府报告。报告的作者布徐博士（Dr. Vannevar Bush）是美国的战时科学研究发展局局长（Director of the Office of Scientific Research and Development），他在去年十一月接到总统罗斯福的一封信，要他做以下的四件事：

（一）在军事秘密及军政当局许可之下，把战事期间对于科学知识的贡献公开。

（二）对于疾病的科学战争，有什么方法使已经成功的医药科学研究继续下去？

（三）对于公家及私人组织的研究工作，政府现在及将来用什么方法加以补助？

（四）关于发见及发展美国青年的科学天才，能否提出一个有效的计划，使将来的科学研究，能够与战时工作在同等的水准上继续不断？

根据罗斯福总统所提出的四个问题，布徐博士于是组织了四个委员会分头研究。研究的结果，作成这个极有意义的报告。可惜这个报告提出时，罗斯福已死了。但它仍可表示罗氏目光远大、巨细靡遗，使我们感觉到大政治家作风是怎样；同时也可以作我们谈科学建设的一个借镜。

这个报告除了前面三十三页为布徐报告的正文以外，以下一百三十余页都是各个委员会对于各个指定问题的报告。事实上前面的报告正文，只是各个分报告的提要与正式提案。但即在这个单简提要中，我们可以找到许多有价值的意见与可供参考的资料。现在我们选译数节于下：

（一）科学与国防。在此次战事中，科学于国防的绝对重要，已显然无疑，我们对于潜水艇的苦斗，乃系科学技术的搏斗，且几乎难于制胜。雷达所给予战斗部队的眼目，不久即为另一科学方法所盲昧。袭击伦敦的 V—1 飞弹，最后也被在战事中发明的三种新法所克服，而 V—2 则仅恃发射地的夺取以制胜。

现代战争需要最进步的科学技术。发展雷达的许多领袖，乃在战前即探讨原子核的物理学家。陆海军人的科学训练固属重要，但他们不能自成科学家而必待民间科学家与军事人员成立职业的合伙。故军事的准备，需要一个永久独立的民间管制的机关，它与陆海军密切合作，但由国会直接支款，而且有权发动军备研究，以补充并加强陆海军自身所管制的研究。

（二）科学与国民生活。战事结束后，我们有一个希望，就是国内人人有职业。要达到这个目的，全美人民的创造力与生产力必须尽量使用。要生出多的职业，我们必须有新的更好更尽的出产。但新出产与新方法不是生来即有的，它们是成立于新原理与新观念上的，而后者又是由根本的科学研究得来的。根本的科学研究，即科学的资本。科学的资本如何增加？第一，我们必定要多数受过科学训练的男或女，因为只有他们才能产生新知识与其在实际上的应用。第二，我们必须加强根本研究的中心，即独立学院、大学以及研究机关等。这些机关，供给一种对于制造新的科学知识最为相宜的环境，而不受主要眼前结果的压迫。除了少数例外，大多数的工业及政府机关的研究，只都是把已有的知识应用到实际问题上去。只有学院、大学及少数研究机关，把它们的力量放在推进知识的途径上。

（三）研究的性质。研究可分为以下三类：（甲）纯理的研究，（乙）基素的研究，（丙）应用的研究。纯理的研究没有特殊实用的目的，它的结果则为对于自然律的发见与自然界的了解。这些知识可以答解多数重要的实际问题，但也许不能解决这些问题的任何一个。纯理科学家对于他的工作的实际应用，也许全不热心。但许多新工业的发展，大概要依靠纯理科学的进步。

纯理科学的特点，就是它有无数的路径可以引到生产道路上去。许多重要的发见，乃是以不相干的目的作试验所得的结果。因为纯理科学这种难于预测的性质，所以它的研究必须有特殊环境。它的工作者必要保持心灵的自由，从不熟悉的角度去看熟悉的事物。它也不一定与有组织的力量相调和，不受在上的指挥。质言之，要有重要成就，再没有别的地方比纯理科学需要自由的了。

如正确的地质与地形图的测绘，气象材料的搜集，物理、化学常数的测定，动植矿物种类的叙述，药物、生殖素、X线医疗标准的规定，以及与这些同类的科学工作，我们把它归为一类叫做基素科学，这种基素的知识，是纯理及应用的科学进步为重要基件。与纯理科学比，这种研究的目的与所用的方法皆颇明了，因此一个完备的工作程序可以确定，而由相当多数的科学人才共同工作。此种工作应由政府机关担任，方易收整齐划一之效，不辩自明。

近来合成化学与工业生物学技术的进步，生产了无数的新化合物与物品，致使目前的试验室来不及加以编目。许多将来有极大用处的物品，或完全不为人所知悉，或性质的叙述不够正确。此时所需要的乃是对于这些物品可能性的知识，使一般人对于它们的应用上愿意投资。所以政府机关应组织此类工作，而将其结果有统系的加以发表。

应用的研究与纯理的研究不同之点至为明了，即应用研究的目的常可先事确定，如其可能的话，它的结果必定是有实际或商业上的价值的。在私人企业上投于应用研究的资本，必定希望加利的收回。但如收回的希望不大，则政府必须加以鼓励或自作。如美国的农部各研究是其一例。

有许多应用的研究，不能与纯理的研究截然划分，故有些工业科学家也从较宽的根本的观点来处理特殊问题。但我们不要忘记一个关于研究的定律：即在追求眼前结果的压力下，除非特别注意预防，应用研究常赶走纯理研究。

这个结论很明白：纯理研究需要也应该受到特别的保护与支持。

（四）根本研究的中心。此处所谓根本研究，系指纯理的研究而言。公立或私立的学院、大学及研究所，乃科学知识与科学人才的泉源。它们因有特殊的传统及特质，极适宜于担任此项任务。它们是已往知识的保存所，传授此知识于未学，并贡献一切新的知识。在这些组织中，科学家能在一个自由而不受金钱俗例及成见的压迫空气中工作。要发展新知识，科学家的团结、稳固与高度的个人知识上的自由是必要的。

要使这个中心成为有效，这些组织强固与健全，它们必须能引诱最高的人才来做教师与研究者。它们必须能提供研究的便利与待遇，俾能与工业及政府竞争上等科学人才。

在由一九三〇至一九四〇之十年中，美国的工业及政府科学研究经费增加在一倍以上，学院及大学的此项经费则增加一半，而私立研究机关的经费反而逐渐减少。所以要学院、大学与研究机关能适应急遽增长的要求，不可不以国家的经费加强其根本的研究。

（五）国家补助研究的五个原则：

（1）无论补助的程度如何，补助经费必须有长时间的稳定性，俾得有长期的计划。

（2）管理此项经费的机关，必须由依其兴趣与能力而选出的公民组织之。他们必须对于科学研究有宽广的兴趣与了解。

（3）此机关仅可用特约或补助方式，在不属于中央政府的组织中，促进科学研究，尤不可自己组织研究所。

（4）补助学院大学及研究机关，切不可干涉其内部政策、用人行政、以及研究的方法范围等。此层最重要。

（5）此机关仅对于总统及国会负责，以维持科学对于其他政府机关的适当关系。

根据以上的原则，布徐提议组织一个全国科学研究董事会 （National Research Foundation），它的组织大概如下：

（一）目的：

（1）发展一个科学研究与科学教育的国家政策；

（2）补助非营业组织的根本的科学研究；

（3）用奖学金及研究金的方法，发展美国青年的科学天才；

（4）用特约及其他方法，支持军事设备的长期研究。

（二）董事。董事九人，由总统就兴趣及能力两方面择适当的人才任命之。他们经过总统与国会对于国民负责。他们既非官吏，亦不代表任何特殊利益。

（三）组织。为完成所负荷的使命计，董事会应设以下各部，对于董事会负责。一、医药研究门；二、自然科学研究门；三、发展科学人才与科学教育门；四、出版与科学联系门。各门设会员若干人，由董事会选任之。

（四）董事职责。原案列举职责极为详细，兹举其重要者如下：

1. 规定董事会的大政方针。

2. 在政府机关所能贡献的限度以内，获致并利用它们的服务。

3. 审核各门的预算，并提每门需要的预算于总统。每门各有一预算，但董事会对于各门的用途得改易之。

4. 对于合约的研究的特约或补助，应出于彼此协商，不用广告竞争方式。

5. 对于现存便利所无或不足的研究计划，应创始或补助适当机关进行之。

6. 设立自然科学的奖学额或研究金，包括生物学与医学在内。

7. 促进科学与技术知识的普及，并发展国际交换。

（五）预算。预算极难拟定。但为表示此项事业的规模，及其发展应有的程度起见，他曾拟定如下的预算。

事 业	第一年	第五年
医药研究门	5,000,000 美元	20,000,000 美元
自然科学门	10,000,000	50,000,000
国防科学门	10,000,000	20,000,400
科学人才与教育门	7,000,000	29,000,000
出版与科学联系门	500,000	1,000,000
行政费	1,000,000	2,500,000
总 计	33,500,000	122,500,000

我们叙完这一本报告大略之后，不禁发生几种感想：

第一，以如美国科学发达的国家，他们在计算科学研究与科学的进展上，仍是逿逿然如恐不及。像我们科学落后的国家，应该怎样。

第二，在他们整个的计划中，极力看重纯理科学与根本科学的研究，没有为了国防或生产的应用上，把大学或独立研究机关的纯理研究费置之脑后。

第三，他们发展科学，先要就已有的机关补助充实，或使其彼此联系，互相补助，成为一个分工合作的机关；不使政府与政府的机关，或政府与私立的机关，重复竞争，而减少效率。

第四，他们的计划是按年发展，经费也是按年增加，不使其一成不变，或奄奄待毙。

以上这些，似乎已经够我们取镜了。

1946年

｜导读｜ 何为科学家？任鸿隽的回答是："科学家是个讲事实学问以发明未知之理为目的的人。"

何为科学家

我同了几位朋友，从美国回到上海的第二天，就看见了几家报纸，在本埠新闻栏中，大书特书的道，"科学家回沪"。我看了这个题目，就非常的惶惑起来。你道为什么缘故呢？因为我离中国久了，不晓得我们国人的思想学问，造到了什么程度。这"科学家"三个字，若是认真说起来，我是不敢当的；若是照旁的意思讲起来，我是不愿意承受的，所以我今天倒得同大家讲讲。

我所说的旁的意思，大约有三种。一种是说科学这东西，是一种玩把戏，变戏法，无中可以生有，不可能的变为可能，讲起来是五花八门，但是于我们生活上面，是没有关系的。有的说，你们天天讲空气是生活上一刻不可少的，为什么我没看见什么空气，也活了这么大年纪呢？有的说，用了机械，就会起机心；我们还是抱瓮灌园，何必去用桔槔呢？有的说，用化学精制过的盐和糖，倒没有那末经精制过的咸甜得有味。有的说"不干不净，吃了不生毛病"，何必讲求什么给水工程，考验水中的微生物呢？总而言之，这种见解，看得科学既是神秘莫测，又是了无实用；所以他们也就用了一个"敬鬼神而远之"的态度；拿来当把戏看还可以，要当一件正经事体去做，就怕有点不稳当。这种人心中的科学，既是如此；他们心中的科学家，也就和上海新世界的卓柏林［别麟］，北京新世界的左天胜差不多。这种科学家，我们自然是没有本领敢冒充的。

第二种是说科学这个东西，是一个文章上的特别题目，没有什么实际作用。这话说来也有来历。诸君年长一点的，大约还记得科举时代，我们全国的读书人，一天埋头用功的，就是那"代圣贤立言"的八股。那时候我们所用的书，自然是那《四书味根录》、《五经备旨》等等了。过了几年，八股废了，改为考试策论经义。于是我们所用的书，除了四书五经之外，再添上几部《通鉴辑览》、《三通考辑要》和《西学大成》、《时务通考》等。那能使用《西学大成》、《时务通考》中间的事实或字句的，不是叫做"讲实学、通时务吗？那《西学大成》、《时务通考》里面，不是也讲得有重学、力学以及声、光、电、化种种学问吗？现在科学家所讲的，还是重学、力学以及声、光、电、化这等玩意——只少了四书五经、《通鉴》、《三通》等书。所以他们想想，二五还是一十，你们讲科学的，就和从前讲实学的是一样，不过做起文章来，拿那化学、物理中的名词公式，去代那子曰、诗云、张良、韩信等字眼罢了。这种人的意思，是把科学家仍旧当成一种文章［学］家，只会抄后改袭，就不会发明；只会拿笔，就不会拿试验管。这是他们由历史传下来的一种误会，我们自然也是不能承认的。

第三种是说科学这个东西，就是物质主义，就是功利主义。所以要讲究兴实业的，不可不讲求科学。你看现在的大实业，如轮船、铁路、电车、电灯、电报、电话、机械制造、化学工业，哪一样不靠科学呢？要讲究强兵的，也不可不讲求科学，你看军事上用的大炮、毒气、潜水艇、飞行机，哪一样不是科学发明的？但是这物质主义、功利主义太发达了，也有点不好。如像我们乘用的代步，到了摩托车，可比人力车快上十倍，好上十倍了。但是"这摩托车不过供给那些总长督车们出来，在大街上耀武扬威，横冲直撞罢了，真正能够享受他们的好处的，有几个呢？所以这物质的进步，到了现在，简直要停止一停止才是。"再说"那科学的发达，和那武器的完备，如现在的德国，可谓登峰造极了；但是终不免于一败。所以那功利主义，也不可过于发达。现在德国的失败，就是科学要倒霉的朕兆。"照这种人的意思，科学既是物质功利主义，那科学家也不过是一种贪财好利，争权狗名的人物。这种见解的错处，是由于但看见科学的末流，不曾看见科学的根源；但看见科学的应用，不曾看见科学的本体。他们看见的科学既错了，自然他们意想的科学家，也是没有不错的。

现在我们要晓科学家是个什么人物，须先晓得科学是个什么东西。

第一，我们要晓得科学是学问，不是一种艺术。这学术两个字，今人拿来混用，其实是有分别的。古人云，"不学无术"，可见学是根本，术是学的应用。我们中国人，听惯了那"形而上"、"形而下"的话头，只说外国人晓得的，都是一点艺术，我们虽然形下的艺术赶不上他们，这形而上的学问是我们独有的，未尝不可抗衡西方，毫无愧色。我现在要大家看清楚的，就是我们所谓形下的艺术，都是科学的应用，并非科学的本体；科学的本体，还是和那形上的学同出一源的。这个话我不详细解释解释，诸君大约还有一点不大明白。诸君晓得哲学上有个大问题，就是我们人类的知识，是从什么地方得来的？对于这个问题，各哲学家的见解不同，所以他们的学派就指不胜屈了。其中有两派绝对不相容的，一个是理性派。这派人说，我们的知识，全是由心中的推理力得来，譬如那算术和几何，都是由心里生出来的条理，但是他们的公理定例皆是正确切实，可以说是亘古不变的。至于靠耳目五官来求知识，那就有些靠不住了。例如我们看见的电影，居然是人物风景，活动如生，其实还是一张一张的像片在那里递换。又如在山前放一个炮仗，我们就听得一阵雷声，其实还是那个炮仗的回响。所以要靠耳目五官去求真知识，就每每被他们骗了。还有一个是实验派。这派人的主张说，天地间有两种学问：一种是推理得出的，一种是推理不出的。譬如上面所说算术和几何，是推理得出的。设如我们要晓得水热到一百度，是个什么情形；冷到零度，又是个什么情形，那就凭你什么天纵之圣，也推理不出来了。要得这种知识，只有一个法子：就是把水拿来实实在在的热到了一百度，或冷到零度，举眼一看，就立见分晓。所以这实验派的人的主张，要讲求自然界的道理，非从实验入手不行。这种从实验入手的办法，就是科学的起点。（算学几何也是科学的一部分，但是若无实验学派，断无现今的科学。）我现在讲的是科学，却把哲学的派别叙了一大篇，意思是要大家晓得这理性派的主张，就成了现今的玄学，或形上学（玄学也是哲学的一部分）。实验派的主张，就成了现今的科学。他们两个正如两兄弟，虽然形象不同，却是同出一父。现在硬要把大哥叫做"形而上的"，把小弟叫做"形而下的"；意存轻重，显生分别；在一家里，就要起阋墙之争，在学术上，就不免偏枯之虑。所以我要大家注意这一点，不要把科学看得太轻太易了。

第二，我们要晓得科学的本质，是事实不是文字。这个话看似平常，实在非常重要。有人说，近世文明的特点，就是这事实之学，战胜文字之学。据我看来，我们东方的文化，所以不及西方的所在，也是因为一个在文字上做工夫，一个在事实上做工夫的缘故。诸君想想，我们旧时的学者，从少至老，哪一天不是在故纸堆中讨生活呢？小的时候，读那四书五经子史古文等书，不消说了。就是到了那学有心得，闭户箸书的时候，也不过把古人的书来重新解释一遍，或把古人的解释来重新解释一遍；倒过去一桶水，倒过来一桶水，倒过去倒过来，终是那一桶水，何尝有一点新物质加进去呢？既没有新物质加进去，请问这学术的进步从何处得来？这科学所研究的，既是自然界的现象，他们就有两个大前提。第一，他们以为自然界的现象是无穷的，天地间的真理也是无穷的，所以只管拚命的向前去钻研，发明那未发明的事实与秘藏。第二，他们所注意的是未发明的事实，自然不仅仅读古人书，知道古人的发明，便以为满足。所以他们的工夫，都由研究文字，移到研究事实上去了。唯其要研究事实，所以科学家要讲究观察和实验，要成年累月的，在那天文台上、农田里边、轰声震耳的机械工场和那奇臭扑鼻的化学试验室里面做工夫。那惊天动地，使现今的世界，非复三百年前的世界的各样大发明，也是由研究事实这几个字生出来的。就是我们现在办学校的，也得设几个试验室，买点物理化学的仪器，才算得一个近世的学校。要是专靠文字，就可以算科学，我们只要买几本书就够了，又何必费许多事呢？

讲了这两层，我们可以晓得科学大概是个什么东西了。晓得科学是个什么东西，我们可以晓得科学家是个什么人物。照上面的话讲起来，我们可以说，科学家是个讲事实学问以发明未知之理为目的的人。有了这个定义，那前面所说的三种误会，可以不烦言而解了。但是对于第三种说科学就是实业的，我还有几句话说。科学与实业虽然不是一物，却实在有相倚的关系。如像法勒第发明电磁关系的道理，爱迪生就用电来点灯；瓦特完成蒸汽机关，史荻芬生就用来作火车头。我们现在承认法勒第、瓦特是科学家，也一样承认爱迪生、史荻芬生是科学家。但是没有法勒第、瓦特两个科学家，能有爱迪生、史荻芬生这两个科学家与否，还是一个问题。而且要是人人都从应用上去着想，科学就不会有发达的希望，所以我们不要买椟还珠，因为崇拜实业就把科学家搁在脑后了。

现在大家可以明白科学家是个什么样的人物了。但是这科学家如何养成的？这个问题也很重要，不可不向大家说说。我们晓得学文学的，未做文章以前，须要先学文字和文法，因为文字和文法是表示思想的一种器具。学科学的亦何尝不然，他们还未研究科学以前，就要先学观察、试验，和那记录、计算判论的种种方法，因为这几种方法，也是研究科学的器具。又因现今各科科学，造诣愈加高深，分科愈加细密，一个初入门的学生，要走到那登峰造极的地方，却已不大容易。除非有特别教授，照美国大学的办法，要造成一个科学家，至少也得十来年。等我把这十年分配的大概，说来大家听听。才进大学的两三年，所学者无非是刚才所说的研究科学的器具，和关于某科的普通学理。至第四年、第五年，可以择定一科，专门研究，尽到〔穷至〕前人所已到的境界，并当尽阅他人关于某科已发表的著作。（大概在杂志里面。）如由研究的结果，知道某科中间尚有未解决的问题，或未尽发的底蕴，就可以同自己的先生商量，用第六、第七两年，想一个解决的方法来研究他。如其这层工夫成了功，在美国大学就可以得博士学位了。但是得了博士的，未必就是科学家。如其人立意做一个学者，他大约仍旧在大学里做一个助学，一面仍然研究他的学问。等他随后的结果，果然是发前人所未发，于世界人类的知识上有了的确的贡献，我们方可把这科学家的徽号奉送与他。这最后一层，因为是独立研究，很难定其所须的日月，我们暂且说一个三年五年，也不过举其最短限罢了。这样的科学家，虽然不就是牛顿、法勒第、兑维、阜娄、达尔文、沃力斯，也有做牛顿、法勒第、兑维、阜娄、达尔文、沃力斯的希望，这样的科学家，我们虽然不敢当，却是不敢不自勉的。

1918年

┃导读┃ 任鸿隽认为："科学是实业之母。要讲求实业，不可不先讲求科学。"在提出这一论点之后，任鸿隽从科学与实业发生之关系、科学与实业进步之关系、科学与实业推广之关系等三方面深入探讨了科学与实业的关系。

科学与实业之关系

有人问："我们中国人和欧洲人程度相差有几多呢？"我答："至少有三百年。"这个话怎么讲呢？欧洲科学未发明以前，他们的学术思想社会情形，也同我们现在的中国差不多。有了科学过后，才有他们那些天文、地理、物理、化学的学问。有了这些学问，才有那机械、制造、轮船、火车、电灯、电话的新发明。所以讲到近世欧洲的文化，简直可以把这科学的出世，作为一个新纪元。这新纪元开辟以来，算到如今不过三百年罢了。如今先要讲科学究竟是个什么事体。

我们要认识一个人，不但要知道他的姓名，并且要知道他的来历。兄弟今天要说科学是个什么事体，自然也得把科学的来历讲一讲。诸位晓得欧洲中世纪的时候，宗教势力甚大。学校中所研究的不是希腊、拉丁就是亚里士多德逻辑。古人所不曾说的，他们便不敢越出范围一步。所以当时思想界也是极其守旧，而且枯槁。到了十六世纪的后半期，有位英国哲学大家培根先生出世，著了许多书，极主张求学的人所当研究的不是古人遗留下的故纸，却是那天地间自然的现象。求学的方法，也不是徒然背读古人的书能记得用得便了，是要自己去观察与试验求那切实可靠的事业。他创的这种为学的方法，现在我们叫做归纳法。归纳法的意思，就是凡事先从事实入手，由许多事实中再抽出一个公例。这个话看来容易，做起来却是极烦难的。比如今年某处养蚕，还未到成茧的时候，便通通病死了。要研究这病死的原故，平常人第一的想头是蚕神菩萨没有供得高。但是他把蚕神供过，他的蚕还是不好。有点知识的人，就要想到或是地方太潮湿了，天气太寒冷了，桑叶不适于养饲，蚕室不合于构造。但是他把各种都改良了，他们蚕子还是生病，而且用他种蚕子来饲养，便有十分收成。于是想到这是蚕种上有病。他把显微镜拿来一看，果然看出病点所在。于是他可断定有病的蚕种，是无论如何不能得好收成的。这种先研究事实，然后断定结果的办法，就是归纳法。

对于自然界或人为的现象，能用这种归纳的方法去研究出来他的结果，便是科学。譬如空中闪电是天然界最常见的现象，但是中国自来的圣贤哲人，没有一个懂得这闪电的真理的。摩擦生电的事，东西的古人都已知道，但是没有拿来解释空中的电。随后伏尔塔发明用金属与酸生电之法，弗兰克林用风筝引空中的电，才渐渐晓得空中的电和试验室中的电实在是一个物件。近来的电学发明过后，我们竟把电来点灯、行车、打扇、传话，几乎无所不为。那空中的电更失其神秘的特权了。但是电究竟是一个什么东西？有人说他是气，他何尝是气？如其是气，何以能用金属传导呢？有人说他是力，他也未必是力。如其是力，何以能起化学分解呢？化学方法发生的电，和用机器发生的电，是一是二？人力造成的电，和天空中的电，又是一是二？这种问题，本来不易解决。但是现在却有几分眉目了。现在电子的学说发明，我们可以说电是一种有形质的物体。那电池中的电，和发电机中的电，与摩擦而生的电，只是一种电子在那里活动。空气中的电子，有时因为雨点关系，降下地面，上层的空气便成了阳性，上层的阳电和下层阴电相中和时，就是空气中的放电了。兄弟刚才讲这许多电的话，意思是要证明这闪电的一个最平常的事，经了中国几千年的学者未曾说明，及至科学发明以后，又经了百余年的研究，才略有眉目。可见这格物致知、读书穷理的几个字，是不容易讲的；而科学的能事，也可以略见一斑。

兄弟想人类知识的进化，要经三个阶级：第一是迷信时代，对于各种事物现象，以为有鬼神主使，只是听其自然，并不知其能然。第二是经验时代，对于各种事物现象略知其因果关系，但是知其然，而不知其所以然。第三是科学时代，于各种事物现象，不惟能明其因果关系，并且明其原理与主动之所在。这三个阶级，可举一例以明之：譬如有人患疟疾，在第一阶级的人，只是求神祷鬼，再也不去求医治。第二阶级的人，便用些小柴胡汤，或金鸡拉霜去医治。他们晓得这类药可以医疟病，却不晓得是什么道理。第三级的就是现在的科学家用那实验的方法，证明疟疾是由蚊子传染的，他们便去设法剿灭蚊子，蚊子灭后，疟疾也自然没有了。

兄弟上面所讲的是科学与人类知识的关系，但是兄弟今天的题目，是科学与实业的关系。诸君或者要说兄弟讲的离题太远了。其实近世的实业无有一件不是应用科学的知识来开发天地间自然的利益的。所以说科学是实业之母。要讲求实业，不可不先讲求科学。这科学与实业的关系，若一件一件的讲起来，便同做一部发达史一样，今天断乎做不到。兄弟且把重要的关系提出几件来，和大家讨论讨论。

第一是科学与实业发生之关系。近世实业和旧时实业不同之点，是近世实业多用机械，旧时实业多用人工。因为有机械，所以用力少而成功多。从前用手纺织，一人几十天方能成布一匹。近时用机器纺织，每人一天能成布几十匹。因为这种变动，欧洲自机器发明以后，竟起了一个工业的革命，工业革命的意思，就是说新工业出现以后，从前那种师徒相传、一家同作的工业，竟无立足之地了。这种机械的发明，自然也是由科学来的。与机械连类而及的就是蒸气机关和电力发动机的发明。大家晓得机械没有原动力是不能作工的，蒸气机关和电力发动机，是供给发动力最重要的器械。一部蒸气机关，可当百千万人的力量。吴稚晖先生常说大家只晓得中国有四万万人，不晓得英国有几百万部蒸气机，比较起作工的力量来，比中国人还多着呢。其次是化学上的发明。这化学上功用，在能化腐朽为神奇，化无用为有用。近来实业属于化学的居其大半，有个最显著的例证：纽约城中人家所弃的渣滓食物，有人集了一个公司收去取油，每年纽约市政府不但省了一笔垃圾费，还得三四百万的收入呢。

第二是科学与实业进步之关系。诸君晓得中国是文明最古的国。有许多东西，几千年前已经发明了。譬如罗盘针相传是黄帝发明的，西方诸国古代的航海家，还在中国来购买此物。但是中国的罗盘针，还是从前的旧样。现在西方海船上用的罗盘针，讲究精致之极了。又如火药，也是中国发明最早，但是现在所用的火器，不是购自外国，就是仿造他们的。要和现在欧洲打仗所用的比较起来，更是天渊之别了。请问中国的工业，何以无进步？是因没有发明。何以没有发明？因为是没有科学的研究。讲到发明这件事，兄弟还记得在美国的时候，有一天到纽约图书馆的发明注册室，不觉惊叹不置。满室中所藏的，皆是美国专利特许。就美国一国而论，每年以新发明得专利权的，已不下数万。有许多的发明，实业焉得不进步呢？

第三是科学与实业推广之关系。一地的实业，彼此有互相的关系，本来可以逐渐扩充的。唯必先有科学，方有扩充的方法。譬如用硫铜矿作原料来造硫酸，得了硫养气体之外，剩下的养化铜，用科学的研究，竟可拿来炼铜，于是乎因制造硫酸兴出炼铜工业了。又例如制碱的时候，先用食盐和硫酸造成硫酸钠，另一方面得的盐酸气体，这个气体放在空中，最为有害。但是能设法把这气体收集起来，就成了盐酸工业。据英国的历史，这造盐工业，造纸工业，造漂白粉工业，竟是连汇而及的。不过科学未发明以前，有许多工业都是不可能，于是由他种工业而生的副产物，也不免于废弃于无用之地了。

照上面所讲的，科学与实业的关系，可以略见一斑了。但是科学家未必就是实业家，实业家也未必是科学家。要求科学与实业有关系，必须先求科学家与实业家有关系。这科学家与实业家的联系应该如何呢？据兄弟所知，外国讲求科学家与实业家的联络,有几种办法。第一设如创办实业的就是发明科学的人,两者合而为一。这可不必论了。其次外国的大公司,每每自己设有试验室,请了许多专门家在那里替他们研究改良实业的方法。例如美国普通电机公司,卫司特好斯电机公司,以石提满照相器具公司,皆有很大的试验室,请了许多极有名的科学家在那里研究。在常人看来,这种费用简直与实业无关。但兄弟曾亲听见他公司的经理说,这请专门家来研究改良工业的办法,是一件最有利益的事体。其三更进一步,有许多公司简直向那边的大学校交涉,每年出费若干,在大学校中特设一科,就请大学校的先生及学生替他研究他的工业问题。有时学生的用费,也由公司贴给。若是研究的结果有了新发明,须归公司专利。照此看来,外国的科学家,不但同实业家很有联络,而且实业家也很信仰科学,颇有相依为命的意思。无怪乎他们实业的进步发达,日新月异了。

我们中国现在的实业和科学的程度都还未到那种特别研究的地位。但有一件兄弟要望各位教育家实业家注意的。现在在外国留学实业的,也渐渐多了。兄弟觉得国内的实业家,和在外留学的实业学生,尚欠一点联络。兄弟曾经在外国住了几年,把自己的经验略说一说。在美国大学毕业过后,再进毕业院,正是可以专门研究的时候了。但是在外国多住了几年,国内的情形便有些隔膜,不晓得要研究何种实业,回国方才能适用。由他方面看来,国内有许多企业家想办实业,却苦于无人为之计划。这两面间隔,若不联络起来,中国实业的振兴就不知要迟延几多时日。兄弟前几年就发一个议论,要在外国留学生中设立一个机关,把留学生各种专门人才调查出来,报告国内。一面国内要办实业而须相当人才的,也可以把想办的事体及各种实业情形,报告国外,使留学的得据以为研究的资料。将来归国过后,就可本其所学举而措之,岂不胜于在外辛辛苦苦研究几年,回来仍是一个高等游民么?今天商学两界及科学社的朋友皆在此间,兄弟提出这个问题,请大家讨论,倘有可以尽力之处,科学社是不敢惮劳的。

单就实业一方面而言，兄弟觉得有几种普通心理，若不除去，也是实业的障碍。第一是求利太奢。常人的意见，以为办实业就如开金矿一样，一锄头就要挖一个金娃娃。其实［实］业上的事情，皆是刮毛龟背，积少成多的。比如从前欧洲的生银，常合有一千二百分至两千分之一的金子。这样少量的金子，用平常方法取出来，是不合算的了。但是用电气分解的法子，这一千分之一，便足敷用费。还有几百分之一，可作利息。这提金的事，也居然成了一种工业。可见实业只要可以获利，并不在利厚。现在中国的利息太高，正是实业不发达的原故，不可狃以为常的。第二是求效太速。常人的意见，今天拿资本去经营实业，明天就要他见效。其实越是远大的事体，见效越迟。德人从前的人造颜料公司，费了四十万马克，请了许多化学家研究了二十年，才能造成，成功之后，就能垄断世界的市场，岂是区区计较朝夕之利所能做得到的吗？第三是不能持久。凡人创办一种事，难有不经挫折立刻成功的。唯挫折之后，重张旗鼓，再接再厉方能转败为成。若一有失败，便心灰意懒，不复前进，那就终于失败了。兄弟曾听说南通张季直先生初办大生纱厂的时候，折了本没钱过年，跑在上海去作秦庭之哭，方才敢回南通。现在可成了中国的实业大家了。兄弟在科仑比亚的时候，有一位先生来讲演，手中拿了一个玻璃瓶，装了半瓶石炭酸。有人去看他的瓶子，他说莫摸，我这瓶药水花了两百万金元的。可见他们把这一二百万的失败，看得并不着重。

兄弟的话讲多了，现在请说几句总结的话。兄弟不信儒家的话说，什么"正其谊不谋其利，明其道不计其功。"兄弟以为现今的社会上应该有个"利"。字的位置。但是兄弟所说的利字，是从天然界争来，把无用的物质变成有用，无价值的东西变成有价值。不是把你囊中的钱抢来放我的囊中，算为生利。我们中国，现在的大患，岂不是抬包袱打起发，把人家的钱拿来放在自己包中，便为发财么？其实弄来弄去，钱财既不加多，生产愈形消耗，社会焉得不贫苦呢？所以兄弟今日的希望，就是学界中人越是多讲点学问，实业界中的人，越是多办点实业。真正的兴点利益，使那一般抬包袱打起发的朋友，也通通来做这生利的事业，我们中国的事情就渐渐有希望了。

1920年

┃导读┃ 　1923年2月，张君劢在清华大学做人生观的演讲，他的基本观点是人生观不受科学的支配，科学解决不了人生观的问题，由此在全国精英知识分子界，产生了关于科学与人生观的大讨论，论战的一方是以胡适、丁文江等为代表的科学派，另一方是以梁启超、张君劢为代表的玄学派，这次讨论对后世产生了深远的影响，如此众多的一流学者均参加了这次讨论，这在民国时期极为罕见，这些讨论的文章后来得以《科学与人生观》之名结集出版。本文是这次讨论中的一篇。

人生观的科学或科学的人生观

　　"人生观的科学或科学的人生观，"读者看见我这个题目，一定要疑心我在弄诡辩，掉字面了。我要请读者把最近张君劢君在清华学校讲演的"人生观"，和本周刊上发表的丁在君和张君劢讨论玄学与科学的文字下细的读一遍，就晓得我这个题目的意思。

　　张君劢在他的演说中说"同为人生，因彼此观察点不同，而意见各异，故天下古今之最不统一者，莫若人生观。"又说"凡此问题，东西古今，意见极不一致，决不如数学或物理化学之有一定公式。"又就科学与人生观来加比较，说"科学无论如何发达，而人生观问题之解决，决非科学所能为力，唯赖诸人类之自身而已。"推张君的意思，是说凡是科学，都有一个公式可发见，而人生观最不统一，最不一致，所以无发见公式的可能。既然没有发见公式的可能，所以人生观问题，不是科学所能解决。要是我们解释张君的意思没有错误，那么张君从头就陷于错误而不自知了。张君所说的，人生观中无公式可求，就张君自己所下的科学定义，只可以证明人生观不成科学。但是人生观成不成科学是一事，科学能不能解决人生观的问题又是一事。而张君劢并为一谈，无怪丁在君要说他"违背论理学"，为"玄学鬼"所迷了。

人生观何以不能成为科学，是不是因为如张君劢所说，人生观是主观的、直觉的、综合的、自由意志的、单一性的吗？关于这一层，丁君已有极详细的驳论。丁君的科学知识论，是要证明"凡是心理的内容，真的概念推论，无一不是科学的材料。"人生观要是不外乎心理推论的作用，也当然要受科学的支配。但是张君要说"我所说的人生观，决不是由概念推论所得来的。我的人生观是由主观的自身良心所主张。"我们现在再要看看张君所说的自身良心，是不是一个极单简的东西。张君解说人生观的时候，先立了一个为中心的"我"，随后引证人生观的特点，就有"孔子的行健，老子的无为，孟子的性善，荀子的性恶……康德的义务观念，边沁的功利主义，达尔文的生存竞争论，哥罗巴金的互助主义，……叔本华、哈德门的悲观主义，兰勃尼慈、黑智儿的乐观主义，孔子的修身齐家主义，释迦的出世主义……"等等。这许多东西里面有的是讲的社会伦理，有的是说的行为动机，有的是指的人生究竟。任举哪一件，都不是单简的"直觉"或概念。我们晓得科学的方法虽是无所不能（读者注意，我说的是科学方法，不是科学万能），但是他应用起来，却有一定的限度。我们所说的限度，就是指那经过分析而确实清楚的事实。张君所说的人生观，既然是一个浑沌囫囵的东西，科学方法自然用不上去。张君是不曾学过科学的人，不明白科学的性质，倒也罢了，丁君乃研究地质的科学家，偏要拿科学来和张君的人生观捣乱，真是"牛头不对马嘴"了。

上面所说的，是要证明浑沌复杂的人生观，当然不受科学的支配，有勉强拿科学方法去部勒他的，不免终归于失败，如像张君劢的演说，就是宣布这种失败的结果。但是照这样说来，科学简直和人生观没有关系吗？我们答应这个疑问，自然是一个顶大的否字。我们的意见是：人生观的科学是不可能的事，而科学的人生观却是可能的事。让我稍为详细的把这件事讲一讲。人生观的种类，虽然很多，但有一个公共的出发点，就是要求外物与内心的调和。外物的对象，无论是纯粹物质也好，社会制度也好，他我总体也好，宇宙背后的造物也好；调和的方法无论是希望也好，要求也好，改革也好，出世也好，总之要在内面的我，和外面的物质世界中间，求一个恰好满足的关系。这种说法，不是唯物论的科学家才如此的，唯心论的哲学家大半都是如此的。人生观既然不能离物质世界而独立，所以物质界的知识愈进，人生观当然亦从而生变动。换一句话说，就是物质界的知识愈进于科学的，而人生观之进于科学的，亦与之为比例。关于这一层最明显的例，就是生物学上的进化论。达尔文的学说，是张君所不认为完全成立的。张君并且引杜里舒的话，来证明达尔文学说的不成立。但达尔文的学说成立与否为一事，进化论的成立与否又为一事。据我们所晓得的，达尔文的学说，虽经过了若干修正及改革，进化论的原理，却是无人能反对的。进化论发明之后，所生的人生观的影响，至少有下列几件：第一是表明人类在自然界的位置，第二是打破宗教上的创造说和玄学上的前定论，第三是张君所举的生存竞争论。我们无论如何说物质文明与精神文明没有关系，总不能不承认近世的人生观，比中古时代的固定的消极的人生观进步多了。但是这一点人生观的进步，还是从那"未经解决"的进化论得来的呵！

科学与人生观的关系，不但是因物质科学的进步，间接的把人生观改变，直接的，科学自己还可以造出一种人生观来。这一层在以科学为客观的、机械的、物质的人，未免有些不信。唯其如此，我们对于此点不能不特别加以说明。人人都晓得研究科学的人，大半是不信宗教的，但大多数的科学家，都是道德完备、人格高尚的人。要是人生观就是对于社会伦理、人生目的有一定见解的意思，我们不能说这一般人没有人生观。他们的人生观是从哪里得来的？原来他们的人生观，就在他们的科学研究里面。这就科学的性质上方法上可寻得出几个缘故来。

第一，科学的目的在求真理，而真理是无穷无边的，所以研究科学的人，都具一种猛勇前进，尽瘁于真理的启瀹，不知老之将至的人生观。牛顿暮年的时候，说："我不晓得世界看我是怎样。我自己觉得我不过像一个小孩子在真理的大海边，偶然拾得几个可爱的贝壳玩弄，而真理的大海仍在我的前面，不曾发见。"现今的物理学大家汤姆生说："我们占了一峰还有一峰，看看我们的前面，仍旧全是美丽有趣的去处。但是我们看不见目的地和水平线。在较远的地方，还有更高的山，能攀登上去，就能看见更好的景界。科学愈进步而造物的伟大不可思议也愈显明"。这些话出诸大科学家之口，都可以代表科学家的一种伟大的人生观。有了这种人生观，才能打破物质界的许多引诱，凡是真正的科学家都是如此的。

第二，因为科学探讨的精神，深远而没有界限，所以心中一切偏见私意，都可以打破，使他和自然界高远的精神相接触。这样的人生观、也不是他类的人可以得到的。关于这一层，我们可以引赫泻尔的话来做一个例。他说"有多少时候只要把观点改一改，或把隐僻的原理应用一应用，就可把物理或算学上的荆棘变成康庄，研究中的不毛，变成知识及权力的泉源。见惯了这些事体的人，若有人告诉他说人类的现在及将来是一个无望可悲的结果，他一定不相信。一方面在他们的研究中间，由四方八面看见道德、知识以及物质的种种关系，那样广漠无限，而他自己在宇宙中间那样的细微不足道。他要想停止或改变在他四周的大机的运动，一点也不能为力。他才晓得希望的自信力和坎然的自处，同是他性质中所必须的"。有了这种人生观，所以有些科学家，竟能把荣名界限及一切社会阶级打破。这是因为科学家的人生观，是超乎这些以上的。

第三，科学所研究的是事物的关系，明白了关系，才能发见公式。这样关系的研究，公式的发见，都可以给人一种因果的观念。而且这个因果观念，在经验世界里面，是有绝对的普遍性的。研究科学的人，把因果观念应用到人生观上去，事事都要求一个合理的。这种合理的人生观，也是研究科学的结果。我们何以不信亚当降种的尊贵，而自甘动物进化的卑贱，因为前说不合理的原故。我们何以不信五行风水的说话，而主张人能主宰自己的运命，也因为前者不合理的缘故。科学家因为要求一个合理的关系，所以不惮用精确的观察去求事实，精确的论理去做推论。他们因为要求一个合理的结论，所以不惮和前人的名论或社会的成见宣战。赫胥黎说："要我相信在某时以前宇宙不曾存在，忽然有一个先在的神人，在六天中间（或者说立刻也可）就把他造成功来，也不是很难的事体。我不说凡不能的都是不真。我所提出的只是最低微而最有理的要求，要求现在所有动植物的种类由那样创造出来的一点证据。这一点证据是我要相信觉得极不可能的说话的唯一条件。"他们不敢信怎样隆古重要的传说，只是要求一个证据，因为他们晓得只有由证据推出的结论是合理的。

上面略举三种科学的人生观以见一斑，其余的不多说了。总结起来，我们承认：

（一）科学有他的限界，凡笼统浑沌的思想，或未经分析的事实，都非科学所能支配。但是科学的职务，就在要分析及弄清楚这些思想事实上。

（二）人生观若就是一个笼统的观念，自然不在科学范围以内。若分析起来，有一大部分或全部分，都可以用科学方法去变更或解决。

（三）科学自身可以发生各种伟大高尚的人生观。

（四）因为不曾研究过科学的，看不到这种人生观的景界，我们应该多提倡科学以改良人生观，不当因为注重人生观而忽视科学。

1923年

导读　这是一篇纪念性的文章。胡明复生于1891年，是中国第一位攻读数学而获得博士学位的数学家。他参与创建了中国科学社和《科学》杂志，是与任鸿隽同道的好友。

我所知道的胡明复先生

我开首要说一句最不科学的话：今年可算是算学家最不利的年头。因为今年是英国大算学家牛顿（Sir Isaac Newton，1642~1727）死去二百年的周年纪念，也是法国大算学家拉勃拉司（Pierre Simon Laplace，1749~1827）死去一百年的周年纪念，也是我们的算学家胡明复死去的年头。自然我们无论如何的夸张和自大，也不能把胡明复在科学上的地位——若是他在科学上有一个地位——拿来和牛顿与拉勃拉司相提并论。但是我们纪念胡明复的意思，却和纪念牛顿、拉勃拉司有一点相同，就是胡明复和牛顿、拉勃拉司都是尽瘁科学、至死不倦的一个人。

牛顿在科学上的贡献是我们人人都知道的。他发明了重力的定律，说明了天空的星体和地球上的下坠物体，一样的为重力所支配；他用精密计算，表示行星的轨道，慧星的行动和地球上潮汐的运动，都可以用重力定律来证明。他发明了微积分算术，研究过光的各种性质。他的Principia一书，为物理学建筑一个坚固的基础，为科学留下一个永久的标记。他享了八十五岁的高寿，而且我们晓得他在二十岁以后就早以算学天才自见的。换一句话说，他在科学上空前的建树，是六十余年不断努力的结果。

拉勃拉司是星云学说的发明者。他自幼即精研算学，尤以天体运行的研究为最有名。他著的《天体力学论》(Mecanique Celeste)继承牛顿的Principia,同为科学界一个稀有建树。他享寿七十八岁。他的星云学说,也是晚年对于天文学一种成熟的研究。

我们的胡明复,不幸没有得到牛顿和拉勃拉司那样的成就和寿数,这是由于天命或人事,我就不敢断言了。他幼年读书的情形,我不能知其详细,但我记得在一九一四年,却是明复毕业的那一年,在康乃尔大学的中国学生忽然大出风头,在四十多个中国学生之中,竟有四五个同时被选为名誉学会的会员。这已经算很难得了,而尤为难得的,是其中有两个人同时被举为两个名誉学会的会员。这两个人:一个是现时有名的言语学家兼音乐学家赵元任,一个是胡明复。尤其稀奇的,是明复自来不会说话,少于交际,由此我们晓得这位先生是一个闭户自精的学者了。

我和明复的熟识,是在一九一四年夏间大家发起中国科学社以后。大家晓得科学社的发起,是全无凭借的。那年夏天康乃尔的几个同学,因为见得科学在现今世界的重要,与我国科学的不发达,于是大家打算组织一个团体来做介绍科学的事业,结果就是中国科学社的出现。我记得当时联名发起的人不过一打,但我们对于介绍科学这样繁重的事业,也就前无古人的干了起来(因为在一九一四年以前,国内或国外这一类的团体还不曾出现)。在科学社的组织上,明复发表的意见很多,也最得同人的赞许。当时不过是暗中摸索,直到一九一六年科学社在美国开第一次年会的时候,我个人虽经把英国皇家学会的历史查了一个,才知道我们的组织竟有许多相同的地方,这是我们大家很引为欣慰的。但由此也可以知道明复的见解与识力了。

科学社成立后第一件要办的事业,就是发行《科学》杂志。这个杂志的文字,当然系由发起人一力担任。因为彼时一般学者,还不知道有科学社这个组织。当时的办法,是由大家按月担任文字若干页,不管三七二十一,到了时候总得交卷的。因为这个原故,我们就想出了一个分组合作的方法,以便互相帮助,于著作的收获上就容易得多。我记得杏佛和元任常常在一组,我和明复常常在一组。因此，我和明复的相知愈加亲切，而交情也愈加浓厚。

我们这一个夏天，朝以继夕，夜以继日的，只是忙的《科学》。到了夏天过完，秋天开学的时候，我们的科学社组织成立了，还有了三期的《科学》文稿预备发刊。我记得明复在夏天过完之后，回顾这几个月的工作，说："我们这一个夏天，可算不曾虚度。"咳，我们若是看到科学工作的重要，也可以说，明复的一生可算不曾虚度，岂特那一个夏天呢？

明复对于科学社还有一个重要的贡献，就是他理财的本领。他自科学社成立，即被举为会计，一直到前年才由过君探先接替。他既是算学家，用钱又非常的谨慎，所以科学社虽自成立以来，同别的学社一样，常常闹经费困难。但从没有受过窘迫，使他的事业受一点停顿或间断的影响。我曾经留心过，算学家是不作兴算错账的，但是明复若有算错的时候，那吃亏的一定是别人，不是科学社。所以我常常笑说，明复是一个理想的会计。

一九一七年明复回到上海了。事实上从一九一七年直到现在，这十年之中他不曾离开上海一步，照他的学问和名望，他很可以到旁的大学去任一些重要的职务，我晓得北京大学就曾再三的邀请过他。但是他的责任心，使他不愿意离开上海。我所说的责任心有两件：一是对于科学社的责任，一是对于大同学院（即现在的大同大学）的责任。我们晓得科学社自从明复等回到中国之后，就由美国搬到中国，当时一切都没有生根下蒂，这经营缔造的困难，是可想而知的。举一件最显著的例，《科学》杂志印稿的校阅，从明复回国一直到现在，都是他一个人担任。这样十年如一日的苦工，请问有几个人能够做到。关于他的大同学院的工作，我可不大清楚，但是除了他尽瘁大同学院的事实以外，我还有相当的理由，可以信他对于大同的责任心特别的重。我们在美国的时候，除了组织科学社之外，还有一些人，立志将来回国要办一个理想的大学。我们成立了一个团体，也定了几条简单的计划，明复当然是个团体中的一分子。我还记得明复为了办学的事，写了一封几十页的英文长信给赵元任。元任的回信第一句："Superlative admiration for your thoroughness"但我们对于明复办学的意见，有一点不能一致，就是明复要把大同学院做一个他的理想大学的根基，而我们多数的人，都主张要整个的重新创办。这件事久成过去的陈迹了，恐怕从前在这个团体的人也记不得还有这样一回事。我所以把他提出来讲讲，正以见明复对于大同，具有特别的希望；他之所以尽瘁这个学校，不肯他去也不是偶然的。

这样，一个科学社，一个大同学院，竟把明复钉住在上海整整的十年。上海教书的生活，我们是知道的，不但没有给教书者一个增长学问的机会，恐怕连对于学问的兴趣，也要渐渐的被这教书的苦工消灭净尽。然而我对于旁的朋友，虽曾劝过他们离开上海，另外觅一个可以兼做学问的地方去教书，对于明复，却始终不曾提及这个话；因为一则我知道他为了科学社和大同大学不愿离开上海，一则他正在年富力强，将来慢慢想法，还不为晚。谁知他近来竟以一个意外的游戏死了！

明复的死，大凡略知他生平为人的，无不痛惜。他有沉潜精细的美德，但精神上仍然是极活泼。他辩论事理，极有独到的见解，但同时又能服从他人的意见。因为这样，所以认识的朋友都爱敬他。我以为除了私人交情而外，对于明复的死，应当痛惜的还有两点，第一是为学术惜。明复在算学上的造就，已经是很难得的了（他的博士论文曾经在美国的算学杂志上发表过）。倘使他能继续的研究下去，准定可以在算学上有一点贡献，可惜他回国以后，便被教书和其他事体把他发明算学的机会完全断送了。这是一件最不幸的事！第二是为社会惜。我们晓得在现在的社会中，要找飞扬浮躁的人才，可算是车载斗量，但是要找实心任事，不务虚名的人，却好似凤毛麟角。如明复这样的人，多有几个，不但社会的事业有了希望，还可以潜修默化，收一点移风易俗的效果，也不可知。拿我国现在学问的幼稚、人才的堕落看来，明复的死去，不是一件最有关系而最可痛惜的吗？

朋友们！明复的死，由于游水时一个意外的失慎，这样意外的事体，是谁也不能先事预防的。但是有一件事体我们可以预为布置的，就是我们应当设法，使具有特殊天才和能力的人，得到相当的机会，去发展他的能力和研究，使能对于某种专门学问有所贡献，不要为社会一切不良的环境所埋没。如明复在外国得了高等数学的训练，回国以后，不但不能继续研究，连应用他所学的机会也不曾有过。这样"赍学以没"，是绝对不应该的，是可以设法避免的。朋友们！我们若哀悼明复，不如从这一面想一想法子，免得还有无数的明复，要待我们追悼呢！

牛顿晚年有一句话说："我若是在学问知识上比他人略为看的远一点，那是因为我站在长人肩膀上的原故。"我可以反牛顿的话，为明复叫一声屈，说："倘若士以明复的天才与训练，而未能在科学上有显著的贡献，那是因为一般矮子所带累的原故。"

1927年

导读 本文所说几句被忘记的旧话，出自张之洞的《劝学篇》，这几句话本已被时人遗弃，但是任鸿隽则认为，今天的观点并不比张之洞高明，他的这些至今依然很有价值。

介绍几句被人忘记了的旧话

我们近来谈到中西文化问题的时候，常常听见两句历史上有名的成语——"中学为体，西学为用"。这两句话，大家知道是见于张之洞的《劝学篇》中的。我们听了这两句话，只觉得它是一种过去时代的谬见，谁也不愿意多加以注意。前日春节无事，作者偶游厂甸，在旧书摊上拾得《劝学篇》一册，以一角钱购归读之。我们发见张之洞的意思，还不至于如一般想象的那样颟顸糊涂。现在我忍不住要绍介他的几句话来作我们当前的鉴戒。

他在《劝学篇》外篇《益智》篇内开口便说"自强生于力，力生于智，智生于学，"这和近人所常常征引的亚里士多德的名言"知识即权力"有何分别？但在当时中国人的口中说出，尤为难得。他接着又说：

> 夫政刑兵食，国势邦交，士之智也。种宜土化，农具肥料，农之智也。机器之用，物化之学，工之智也。访新地，创新货，察人国之好恶，较各国之息耗，商之智也。船械营垒，测绘工程，兵之智也。此教养富强之实政也，非所谓奇技淫巧也。

这些话，都可以证明张之洞所见到的"西学"并不算十分错，然而以若所见，求若所欲，即使不在前清末年的混乱情形之下，也不免犹缘木而求鱼也。这是什么缘故？

一、世间上只有一种学问，那便是凡以求真理为目的的，方能当得学术这个尊称。这个原理，无论中西学人都是要承认的。换一句话说，学问无所谓中西，唯其是而已，唯其真而已。而张氏把它硬分中西，意好抑扬，则是他的主张，自始即已失掉了立脚点，哪里还有成功的可能？

二、张氏所谓士、农、工、商、兵的"智"，其实只是一个科学的应用。他眼看不见科学，而心心意意偏要求科学的效果，这正如古人所说的，"无本而求木之茂，无源而求水之长"一样，无怪乎他的希望也始终没有实现的一日。

张之洞的书已出世三十七年了。现在虽然时过境迁，我们能保证我们的见解一定比他进步到如何程度吗？我们自然不再说"中学为体，西学为用"一类的话，但是我们常常极力的称颂东方文化与短见的求科学事业的速效，恐怕我们对于西方学术——特别的科学的了解，比了彼时的张之洞，未见得高出几多吧！不但如此，张之洞在甲午中日战败之后，知道非发愤求学，不足以自强而图存，所以在他的《劝学篇》中，常常有沉痛激励的说话。我们当前的国难，比三十七年前要严重十百倍，觉得他的说话还有一听的价值。现在再引几句如下：

> 国之智者，势虽弱，敌不能灭其国。民之智者，国虽危，人不能残其种。求智之法如何？一曰去妄，二曰去苟。固陋虚骄，妄之门也。侥幸怠惰，苟之根也。二蔽不除，甘为牛马士芥而已矣。

1935年

导读 在本文开篇任鸿隽便谈道："无论从哪方面说起，科学在现世界中，是一个决定社会命运的大力量。"这种观点与任鸿隽一贯的提倡科学是一致的。

科学与社会

无论从哪方面说起，科学在现世界中，是一个决定社会命运的大力量。因此，在这次大战以后，重待建设的世界中，科学与社会常常成为讨论的问题。据我们所知道的，关于这个问题的讨论，可以两种方式代表：一是此后的世界问题是不是专靠科学所能解决？二是此后的科学与社会应有什么样的关系？本文拟就此两方面加以讨论。

关于第一个问题，我们可以洛克裴尔基金会董事长福斯狄克（Raymond B. Fosdick）的言论作代表。在1947年洛氏基金会的报告中，福斯狄克有以下几段话：

眼前的危机，是西方社会所曾经遭遇到的最严重的一个，我们一直知道知识的获得是危险的，因为它可以被用于错误的方向。但现代人们手中的知识是那样容易被误用——而且一经误用，就很容易把人类的希望和建设化为灰烬——故此挑战的冲击，使我们迷惑、恐惧、茫然不知所措。

目下的时期所以成为严重，正如汤比（Toynbee）教授所说的，将依了反应的性质而定我们生存的机运。过去的历史充满了国族和帝国残滓，是因为它们仅靠了物质的力量来适应他们当时的危机。我们眼前的反应，不能限于下层的力量。除非我们能真正伟大，把答案抬高放在智慧与道德的平面上，我们的命运不但将与历史上归于毁灭的国族相似，并将与一切生物种族，不论是鸟类或恐龙，专恃凶恶方法或自卫武器的同其运命。

要把我们的答案放在研究人类较高的平面上有一个困难，是我们美国人常把提高生活程度这件事看得太重。在这方面，我们是无比的成功的。我们的生产力及消费力比世界上任何国家都大。其结果，是我们的标准偏重于量的一方面。我们所有的一切比任何人都多——汽车、冰箱、无线电、铁路。从而我们理想中的世界，不是一个住满了聪明正直人类的世界，而是一个每家有汽车，每厨有鸡肉的世界。我们太容易假定物质生活弄好了，其他的价值会天然的跟着来。从我们的机器及工厂的装置线上会自然发生美满的生命。

另外一个困难，是我们对于物质科学的迷信。它们神圣不可侵犯，它们是生命的配给者。"科学能孕育伟大光明的文化"是到处奉为金科玉律的格言。即我们的大学也拜倒在二十世纪的方法崇拜之下，这些方法即是使物质世界的管制成为可能的。——不消说，对于人文及社会科学，他们常常与以应得的尊敬。但事实告诉我们，在基金上、研究设备上及教授的地位上，人文与社会科学远不及物质科学的优越，而且这裂痕还天天在扩大。

这裂痕是应该减小，不应该扩大的。在这科学时代，我们免不了了解科学的责任，但我们所面对的最高问题，不是化学、物理、工程所能给我们答案的。它们在伦理上是中性的。——它们能给我们更多的马力，但只有呆子会说马力能发展一种方法使脱缰的技术受到统制。它们能帮助更多的人类得到康健与长寿，但它们很难发见新的人生目的，或人与人关系的艺术，或帮助获得和平与成功的政府所需要的社会道德。

我们眼前的问题与人类命运，不能在物质方面解决，而必须在道德上与社会平面上决定。物质的力量与金钱兵力的优势，可以维持我们于一时，但我们社会上爆发性的紧张，只有靠了道德及社会的智慧方有解除的希望；而这种智慧，非试验管发所能沉淀出来，也不是原子物理学的灿烂方法所能得到的。

以上所引福斯狄克的话，固然只是一人的言论，但我们深信它能代表许多忧深虑远的意见。记得第一次世界大战之后，人们对于西洋的科学文明起了疑问，也发表了不少同样的意见。其中的一个代表，直到现在还新鲜在人记忆中的，要算理朋主教（Bishop Ripon）的说教。他说，尽管人类对于克制他的环境有过远大的胜利，我们对于人类的前途仍感到极度不安，因为人类尚不知怎样克制自己。他以为科学家在庞大数目的发现中已失掉了方向的感觉，因此需要一个支配的哲学——人格。他甚至提议停止科学研究十年，以便人们用他的力量来发见人生的意义。当时东方的学者更有不少的人发出"西方文明破产要待东方文化来解救"的呼声。（据我们所记得的，梁任公就是一个。）不过呼吁尽管热烈，世界的情形甚少改变，经过二十年之后，第二次世界大战发生了。而且第二次大战结束不久，第三次大战的新恐惧又笼罩着疮痍未复的世界。由此看来，福斯狄克的说话，不过是旧调重弹，没有什么新的意义。但因此问题关系重大，我们不妨检讨一下。

福斯狄克君诊断眼前世界的危机，一是由于我们（特别是美国人）过分看重物质生活，一是由于我们过于迷信物质科学。但物质生活的增进，是由于科学研究的结果，所以我们可以说福氏所着重的还是科学这一点。关于第一点，我们没有多少讨论的地方。"人不能单靠面包而生活"是凡稍有文化的民族所共具的信条。设于物质生活之外，不能发见较高的活动与信仰，人生还有什么意义？况且物质生活的追求，常常是一切竞争的起源。福氏所说"每家有汽车，每厨有鸡肉"的目的，即使靠了科学的进步而达到了，我想人们的希望又将为"每家有飞车，每厨有火鸡"了。这样，人与人，国与国之间，便不免了争夺相杀的惨剧。所以偏重物质生活的结果，既足以制造乱源，更不能成为人生的目的。

说到科学，——特别指物质科学，就不能与物质生活同日而语，这是我们与福斯狄克君分歧的出发点。物质科学是物质的研究，但它本身不是物质。物质生活是物质平面的事，科学研究——不论他研究的是什么——却是智慧或道德平面的事。要说明这一点，不须繁征博引，我们只要记得研究科学的最高目的，并不在追求物质享受，而在追求真理。为了追求真理，科学家不但不暇顾及身体的享乐，甚至连性命安全也可以置之度外。发明磁电的法拉第拒绝某公司顾问的聘请，说"我没有时间去赚钱"。哥白尼与盖理略冒了当时教会火刑的迫害，发明太阳中心说与地动说的真理。其他为了发明真理而履危蹈险，艰苦卓绝的科学家，更不胜枚举。所以福氏所说物质的弊害，与真正的科学如风马牛之不相及，而除了最高的智慧与道德的平面，我们也无处位置这一班科学大师。

所可惜的，像这样高尚纯洁的科学家每每不为当时所认识，而他们的求真探理的精神，又往往为科学应用的辉煌结果所掩蔽，于是物质的弊害都成了科学的罪状。其实我们要挽救物质的危机，不但不应该停止研究，而且应当增加科学并发挥科学的真精神。我们试想，设如西欧人民都受了科学的洗礼，有了求真的精神，希特勒、莫索里尼等愚民的政策将无所施其技；我们也明白现今独裁的国家，何以要靠了隔离与宣传的作用来维持他们的政权。如其我们说科学愈发达，致世界战争愈剧烈，我们也可以说科学到了真正发达的时候，战争将归于消灭。这不是因为科学愈发达，大家势均力敌，不敢先于发难；而是因为知识愈增进，则见理愈明了，少数政客无所施其愚弄人民的伎俩而逞野心。战前的日本人民如其有充分的世界知识，也许不至发动侵华军事，造成世界的大劫运。我们以为"力的政治"不能达到消弭战争的目的，唯有诉诸人类的理智，方能使战争减少或消灭。而研究科学实为养成理智的最好方法。

因此，我们以为福斯狄克所说"迷信物质科学为解救当前世界危机的困难之一"，为不了解科学真义之言。福氏所谓物质科学，当系指工程技术（Technology）而言。工程技术是应用科学的发明以谋增进人类的健康与快乐为目的的。这与纯理科学之以追求真理为目的相比较，已有卑之无甚高论之感。然即这个卑之无甚高论的主张，也不见得与人生目的有何冲突。唯有把工程技术用到毁灭人类的战争上，它才与人类的前途背道而驰。然这个责任，似乎不应该由科学家来担负。

其次，我们要讲科学与社会应该有什么关系的问题。这个问题也是第一次世界大战后才为人所注意；尤其是英国的科学促进会（The British Association for the Advancement of Science）在1938年曾组织科学与社会关系组（Section on Science and its Relation to Society），专事研究这一问题。科学联盟国际评议会（International Council of Scientific Unions）也有一个科学与社会关系委员会（Committee on Science and its Social Relations），本年六月在巴黎的联教大楼开会，通过了几项工作计划及科学家应行共守的宪章纲要，征求世界科学家的同意（见《科学》第30卷第9期278页）。此外关于发表此问题的中外文字都不在少数。这可见这个问题的重要性，也可以说这是科学家最近的一种自觉。

科学与社会的关系，自有科学以来即已存在，何以直到最近几十年此问题才被人注意？这是因为（一）当科学方在萌芽，即盖理略、牛顿的时代，探求真理的倾向，过于利用厚生的作用，故其影响还不十分显著。（二）即在后来瓦特、喀尔文、马可尼时代，科学应用渐渐把工业及日常生活改变了，但其影响是属于进步的建设性的。其结果是增加了人们的乐观主义，无须怀疑到科学的利害问题。唯有到了二十世纪以后，西方的帝国主义已扩张势力到短兵相接的程度，社会上财富增加，阶级组织日益繁复，于是战争、经济恐慌等现象接踵而起。在这些生存竞争的过程中，科学都占了一个重要地位。科学家在这个时候，才回过头来检讨一下科学与社会的关系，不消说是当然，我们还不免有来何晚也之感。

要检讨科学与社会的关系，我们以为可从四方面加以观察。即：

（1）科学发明所发生的社会影响是什么？

（2）科学发明是否有益的用于社会？

（3）科学发明的利益是否普遍地造福人群，或仅为少数人所独占？

（4）社会组织是否合于科学的发展？

以上四个问题，详细讨论将为此文篇幅所不许，我们只好单简地说说。关于第一个问题，我们要指出：科学发明所生的社会影响，属于理论的要比属于应用的为大且远。人们只知道飞机与无线电怎样变更了社会组织，但不要忘记了地动说与天演说怎样改变了我们的世界观与人生观。没有后者的改变，由中世纪进入近世纪将为不可能。科学家追求真理，不可松懈，更无所用其恐惧。关于第二个问题，我们得承认：科学发明在道德上是中性的，它们可以用来福利人群，也可以用来毁灭人类。最近的原子能发明是一个例。原子核武器，此刻正威胁人类文明的前途，但如应用在建设方面，将来可增加人类的幸福将不可以量计。毒菌的发明也可以作如是观；因为毒菌用来作战虽然可怕，但研究毒菌使人类疾苦得到救治已经不少了。关于第三个问题，我们以为与其说是属于科学的，不如说是属于社会的更为确当。科学发明无论如何重要，只是一种原理，一种方法。要用来造福人群，还须经过社会组织的一个阶段。社会组织如其良好，受到科学利益的必然众多；反之，如其社会组织不良，科学上有利的发明，可能为少数人所独占或垄断。这在现代工业社会中是数见不鲜的事。我们要免除此种弊病，有两条路可走：一是科学家停止发明，这是反进步的办法，当然不可能；一是改良社会组织，这是可能的，但这权力不一定在科学家手里。眼前的问题是：科学家在这种情形之下，他的态度应该怎样？这个问题的答案关系很大，似乎不容易置答。不过我们不要忘记，科学是这一切问题的原动力。科学家既握有此种原动力在手中，只要善为利用，不怕社会不向善的方向前进！

最后一个问题，即社会组织是否合于科学发展的问题，可以说是社会对于科学的关系。追溯科学发展的历史，其初只是少数自然哲学家依着自己的兴趣，凭了新起的实验方法，向天然界探索秘奥。他们既不受社会的重视，也没有社会的目的。这可以说是科学的个人主义时代。但就在这个时代中，把科学的根基打下了。至十六世纪以后，科学的统系渐渐成立，科学的重要也渐渐为社会所承认，于是在学校中、学社中、私人团体中，乃至政府机关中，都渐渐有科学研究的组织。这到十九世纪末以至二十世纪初年为止，可以说是科学的团体运动时代。在这个时代中，科学的研究机会固然加多，个人的天才发挥亦称尽致，故科学的成就，尤为辉煌可观。及至二十世纪开始以后，经过两次世界大战，科学的重要性愈加明显；同时因为科学的研究已到了精深博大的境界，所需要的研究设备又极其错综复杂，使所谓个人主义或团体运动的研究，几有望尘莫及之感。于是重视科学的国家，都拨出巨款，特设机构，来担负研究科学的责任。这可以说科学的国家主义时代。国家用全力来发展科学，科学的进展固然愈可预期。但我们不要忘记科学的国家主义，和其他国家主义一样，将不免狭隘，偏私，急功近利等种种毛病。这和科学的求真目的既不相容；与大道为公，为世界人类求进步的原则亦复背驰。所以我们以为在计划科学成了流行政策的今日，私立学术团体及研究机关，有其重要的地位，因为它们可以保存一点自由空气，发展学术的天才。

1948年

|导读| "不过，话又得说回来。科学既是可爱，又应当爱，眼前的问题，便是如何使人知道爱。这需要科学的利用与科学的研究。我们希望政府于揭橥"爱科学"以后，更注意科学本身的发展，方不是徒托空言。"

说"爱科学"

在此次政治协商会议，通过的人民政府施政共同纲领中，规定了如下的一条：

> 提倡爱祖国，爱人民，爱劳动，爱科学，爱护公共财物，为中华人民共和国全体国民的公德。（《共同纲领》第五章第四十二条）

这条条文的规定，一方面固然是在提倡国民应有的道德，一方面也是针对国民道德所缺乏的，要提倡起来加以补救。它所列举的几件事，不消说都是绝对必要。不过我们觉得，如祖国、人民、劳动、公共财物，都是意义明白，我们要爱它的理由也极其明显。独有科学这一件东西，在许多人的心目中还不免多少是陌生的。天下没有对于不认识的东西发生爱情的理由。因此，我们觉得有提出说明一下的必要。

首先，我们要说明的，爱是属情感范畴的活动。属于知识范畴的活动，我们可以用外铄的方法来增进；如有所不知，我们可以教育方法使之知；有所不能，我们可以强迫方法使之能。属于情感范畴的活动，其发生与增进必是由于内发。所谓"你能牵马到水边，不能强迫它吃水"，因为在它的心中没有吃水的感觉故。所以我们要人民爱科学，必先使他们知道科学的可爱。要知道科学的可爱，须经过两个步骤：一、知道科学是什么，二、由科学与生活的关系上发生出爱的情感来。

从理论上说，要知道科学是什么，是比较艰难的事体。它需要有高深的科学研究与修养。但从生活关系上说，则凡号称现代文明的国民，无不与科学发生或多或少的关系。因此，对于科学也应该有或深或浅的认识。现在我们试举几个粗浅的例子来说明。

与一个人的生活上关系最重要的东西，还有过于粮食的吗？但如用了科学方法，即改良种子配合适宜土壤与化学肥料等方法来改进农作，可以增加生产到若干倍。据温斐尔（Gerald F. Winfield）的统计，一个中国农人每年的平均生产为3,080磅谷米，而一个美国农人的平均生产量为44,000磅谷米。（见1949年1月9日《纽约时报周刊》）。这个十倍以上的差异，当然不是因为中国农民的工作能力不及美国人，而是因为美国农民用了科学方法与机器力量来增加生产，中国农民还不知道应用这些的原故。 所以华莱士（Henry A. Wallace）在他的 *Soviet Asia Mission* 书中也说："在中国，须要四五家农家在乡间生产以养活他们自己与在城里的一家人口，在美国只要一家农民在乡间工作便可养活他们自己与在城里的四五家人口。"根据这些统计，我们可以说，只要能充分利用科学的方法来增加农业生产，则免除饿馑的恐惧并非难事。这是科学与生活关系最重要的一点。

其次科学能免除人类的疾病，也是与生活关系的另一点。这两次世界大战以来，治疗医药的发明，如磺氨药类与青霉素等，已经减少了军队中的死亡率（在第一次大战中军队的死亡率为每1,000人14.1。第二次大战为每1,000人0.6）。但科学医药的贡献，不但在它的治疗而尤在它的预防与卫生，我们知道，为人类最大仇敌的传染病，如黑死病、黄热病、鼠疫、疟疾，在现今文明社会中已告绝迹了；而蔓延最广的肺病、伤寒病、脑膜炎、小儿麻痹症等，现在亦可以用防制病菌、毒菌的方法，渐渐归于消除。所以在科学发达的国家中，人类的平均岁数，近四十年来已由49岁增至66岁，而印度人民的平均岁数仍不过35岁。（中国尚未见有此种统计，但大约与印度不相上下。）我们试想，每一小儿出世时即具有66岁年龄的希望，与只有35岁希望的人相比较，其一生事业的计划当与人生乐趣的感觉，相差有多少呢？所以我以为只要从这两方面着想，科学对人生的重要关系，已经够明显了。此外如交通、工业、制造、享乐，无处不有科学发明的影响，亦无处不与生活有关。但比较以上两事而言，没有其重要与普通性，我们在此不细说了。

但是，人不能专靠面包而生活。当初步的物质生活需要满足之后，跟着来的是精神生活。精神生活最显著的一例，是知识的爱好，而科学实为新知识与正确知识的来源。因此，既爱知识，即不得不爱科学了。科学知识所以可贵，第一因为它是根据事实用逻辑方法推理所得的结果；第二这个推理的结果，还可以实验方法或新的事实加以证明。所以这种知识，不但确实可靠，远非玄想虚构或古人留传的意见所能比拟，而且本身具有内在的发展性，向未知的秘奥上逐渐发展，以期得到最后的真理。要说明此点，我们试举两事为例。如中世纪的天动地静说，在托勒密（Ptolemy）的体系中不失为一种知识。但它不是科学的知识，在当时天文的测算上不免发生困难。后来经过哥白尼、盖理略等的观测与证明，确定地球为八大行星之一，而后地球与诸天体的关系才得正确的说明，更引导我们向天空无限制的发展。现今帕洛玛山（Mt. Palomar）天文台二百英寸望远镜发见在几亿万光年辽远距离的星云，这岂是中世纪持天动地静说的人们所意想得到的？又如物质由原子构成的学说，在希腊的德漠克理达（Democritus）已经发明了。但它缺乏科学的根据，所以两千多年以来不曾有什么发展。直到十九世纪开始以后，多尔顿（John Dalton）成立了化学的原子说，物质由原子构造的理论，方才得到事实的证明。这个理论的发展，一直可推到现今的原子构造学、原子能研究，以及原子弹的制造。科学知识的演进无已，不是很显然的吗？所以要满足人类爱好知识的欲望，科学是绝对不可少的。

再有一层，不管玄学家如何解说，科学是从原因求结果的学问。这种方法运用纯熟而成为一种习惯时，自然能影响我们思想的路径与处事的态度。如社会进化与经济组织，从前以为是玄秘渺茫不可捉摸的，现在也可以科学的方法加以解释与推测。在早的马尔萨斯人口论是一个例，近今的马克思社会唯物史观又是一例。所以科学对于人类前途的影响，可以说是彻头彻尾，方兴未艾。我们提倡"爱科学"是有最大理由的。

不过，话又得说回来。科学既是可爱，又应当爱，眼前的问题，便是如何使人知道爱。这需要科学的利用与科学的研究。我们希望政府于揭橥"爱科学"以后，更注意科学本身的发展，方不是徒托空言。

1950年

导读 本文所叙,是任鸿隽二十五岁以前的生活经历,其中很大一部分的篇幅是关于他的求学生涯。

前尘琐记

当民国二十六年(一九三七)抗日战争发生的时候,我和家人曾在庐山的森林植物园内住了约半年。当时我正满过五十岁(我生于一八八六),在山中住着无事,曾写了一篇长约一万字的《五十自述》。用一万字来写五十年来的身世,当然不能详尽。彼时曾有一个意思,说待我到六十岁时,再写一个更详细的六十自述。不料抗日战事闹了八年(一九三七~一九四五)方告结束,接着又发生了三年的国共内战。在这样战乱纷纭的当中,我早已过了花甲重逢的年纪了。再要写什么六十自述,固然打不起这个精神,但有许多家传轶闻和本身经历的故事,倘若任其随一身的存亡而归于消灭,也觉可惜。陶渊明有言"今我不述,后生何闻哉?"所以决心随时随地就所想到的写一点下来,名曰《前尘琐记》,使后世子孙有所考据云尔。

我们这一支姓任的,原来是浙江归安县(现名吴兴)菱湖镇人氏。记得我小时曾看见家中有一部《任氏宗谱》,上载始祖某公的像,穿戴着明代衣冠,从此推测,大约是在明代由他处迁到浙江的。至于我们的到四川,则在约九十年前洪杨起义的时候。当时三叔祖秋苹公,正在四川总督吴棠幕中,大约在一八六〇至一八六一年间,李秀成攻陷浙江、江苏的杭嘉湖一带地方,我们住在菱湖镇的祖先们,开始向四方逃难。而我们家中因为秋苹公在四川就幕,所以就投奔到四川。当时这四五千里的长途是如何走法,我们不得而知,但终于能平安到达，可见途中的情形，并不如想象中的坏，至少不比此次抗战的逃难更坏。我们家中的人到达成都的，据我所知，有曾祖母沈太夫人、祖父轶才公与父亲章甫公（名士贞），一共是三代人。当时父亲的年纪大约二十岁，祖父四十余岁，曾祖母六七十岁。这几人的实在岁数在重庆家中的神主牌位中可以查出，可惜此时已没有了。曾祖母、祖父、三叔祖父母都死在成都，也就葬在成都城外浙江会馆的坟山郝家堰，他们几人的真容也还藏在家中，年时拿出来供奉。祖辈的同胞，还有一位四叔祖，听说是被"长毛掳去，不知下落"。有一位姑母，嫁与菱湖唐家，当我小时还看见有书札及礼物来往。但是菱湖姓任的一族，却已拔茅连茹，根本不存在了。我一九〇七年在上海读书的时候，曾和一个菱湖的同学到镇上去访问一次，只寻到一个唐家的表侄，问问任家的祖茔，已无从查访，此后更无人过问了。

秋苹公在乡时曾考取秀才，后来游幕入川，就四川总督吴棠的幕，故同当时的名士墨客颇有往还，这从家中所藏的字画对联可以看见。这些墨迹，有许春漪（乃钊）、何子贞（绍基）、郭兰石（尚先）、史叔平（致康）、江兰臬（怀庭）等人，而以后二人为最多，可见当时过从之密。其中许春漪为浙江翰林，曾署广西（？）巡抚；何、郭二人皆曾任四川学政；史叔平曾任四川盐运使（见蜀刻《董方立遗书》后附《偶存集》），善榜书，四川嘉定的摩崖"凌云"大字，高皆丈余，是他写的。我们家中旧藏有绝大"龙"字一幅，也是史书。江兰臬先不晓得是什么人。后来民国二十四年，我到成都去做川大校长时，江叔海先生（翊云的尊翁）瀚来托访其尊人在川的坟墓，才晓得兰臬先生乃叔海之父、翊云之祖。这样，我可以说与江家乃三代世交了。秋苹公的手迹，我小时曾见家中藏有手折一扣，是叔祖所写，字体秀丽，颇有点像王大令，唯稍嫌瘦削，要之绝对不是俗书也。

当太平军攻陷杭嘉湖各地时，军纪之坏是不可讳言的。（当时的官军也是一样，甚至犹有过之。）所以经过此次乱事的人家，差不多都留下一些逃难的痛史或神话。我们家里相传的故事如下：据说，当时镇上的居民，一听"长毛。来了，男的四处逃散，女的就悬梁投水。（大约因为当时的妇女都缠了脚，不能奔波的缘故。）我们的祖母，在"长毛"掠过镇上之后，发现家破人亡，孑然一身，觉得活着没有意思了，她就坐在一个水塘边，打算投水自尽。但在未下水以前，不免要哭述一番。不晓得池中原来已淹了许多女人，忽然水中有人喊道："姆妈你勿要来，我还不曾死呢。"原来我们的姑母也投水在这里，但因投水的人太多了，她夹在死人中间，不曾淹死。于是母女两人就坐在池边哭泣，在黑夜三更里，也无法返家。此时忽然有一老者提着灯笼，来问她们为什么哭泣。当她们说明了原因之后，他便打着灯笼，把她们送回家里，祖母等到家后感谢不尽，请老者在堂屋略坐，要到后面去烧一杯茶与他喝，可是再出来时，老者已不见了。于是家中相传这是土地菩萨现身。在我们小时的家中，一直供有土地神位，据说就是为了这个故事。

我们的祖父也是被"长毛"掳去过的，据说，初掳去时，是替他们担水。后来知道他是文人，才叫他做较轻的工作。到太平军出示安民时用钱赎出，曾祖母因为手上戴了一副金镯子，被抢时手臂给打折了，成了残废。在我们所见的真容中祖父面目黧黑，死时不过四十余岁。三叔祖死时也不过五十上下，但在他的真容中须眉全白。常听见大人们说："三爹，因做师爷，太用心，所以须眉全白了。"我们当时也感觉到作幕是一件不容易的事。[顺便说一句，我们家里的旧称呼，是父亲叫爷爷（读如亦亚拼音），祖父叫爹爹（读如底亚拼音），我想，这显然是一种颠倒错误。事实应该是父亲叫爹爹，祖父叫爷爷，我不知道这是浙江全省的习惯，或只是我们家里如此。]

从前中国的读书人有一班专为官场办文牍的，叫做幕友。"幕友"有"刑名"、"书启"种种分别，而刑名最为高贵，因为他必须明习法律，而且遇到疑难，可为东家画策，又兼参谋的职务了。所以幕友是一种职业，必须经过相当时间的学习。浙江人在外作幕的最多，尤其是绍兴、吴兴一带的人，所以绍兴师爷，就成了这一行职业的特殊商标。我们家的三叔祖既是游幕到川，于是家中的亲戚就多半是浙人在四川作幕的。据我所知，三祖母吴姓，是吴兴人。外祖父闵姓，母舅闵笠孙，都是浙江人在四川作幕。又有一位姨丈姓孙的，也是浙人作幕在川。但这位姨丈夫妇都逝世很早，我不及见。只知道有一个表兄名孙震的，曾随陈遐龄（袁世凯时代驻藏代表）带兵入藏，后来做到师长，并且代理过陈遐龄的职务。我某年在成都，曾见这位带兵的孙家表兄。他原来是四川高等学堂毕业，后来不知怎地投笔从戎，不但放弃书生事业，并且失掉绍兴师爷的家风了。

上面曾说过父亲章甫公年约二十岁时逃难入川。（他生于道光二十二年壬寅岁，即西历一八四二年。设如是同治元年一八六二年入川，正是二十岁。）入川以后，他天然是跟着三叔祖学幕友的职业。当时学习作幕的方法，是一种徒弟制度，先要阅读《大清律例》、《刑案汇览》等书，然后跟着老师办案子。至案子办得没有错误时，他便可"出师。"而荐出去做师爷了。父亲的学幕，似乎并未出师，这大约是因三叔祖不久就去世了的原故。但《大清律例》、《刑案汇览》等书，仍在两个书箱中好好地收藏着，我们小时常看见的。

父亲既学幕不成，于是"纳粟入官"。所谓纳粟入官，是前清末年的一个大弊政，那就是说，地方官员自府道以下，都是可以用钱买到的。不消说，大的官要钱较多，小的官要钱较少。父亲既然不是有钱的人，所以就捐了一个起码的小官，不几年（大约在同治十或十一年即一八七一或七二）检发到垫江县做一个典史。就在这个微小清闲的职位中，他老人家一做就是三十年，至光绪二十八年（一九○二）殁于任上。父亲在世时，一直没有放弃还乡的念头，但因做了几十年的"清官"，始终凑不起这一笔路费及还乡后的生活费，终于赍恨以殁。我们知道父亲的乡土观念很强，他说话时还常带一点浙江口音，未老时有时还吹吹笛子、洞箫，或哼哼昆曲。这可以使我们想见，在当时的环境中他是感到孤独的。

我的兄弟姊妹共有七人，最大的是姊姊，其次两个哥哥，其次又是两个姊姊，我自己第六，照男的次序是第三，以下还有一个四弟。大哥生于乙亥，即一八七五年，比我大十一岁。我们家里的规矩，子弟无论男女，六岁均要上学。到我上学时，大哥已经出学堂了，当时所谓学堂，就是家里的专馆，也就是现时所谓私塾。家馆所聘的先生，大概不出本地的秀才廪生。我很记得，每年过了元宵之后，先生就来开学。首先用一张红纸写了"大成至圣先师孔子"的牌位，然后点着蜡烛，先生先拜孔子，然后学生拜孔子，拜先生。这些礼节做完之后，就开始上第一课。平常"发蒙"的课本，无非《三字经》、《百家姓》、《千字文》之类。我们家里，在未上学以前，早已由母亲教了上千个的方块字，所以《三字经》类之书不用读了。记得我上学时读的第一部书，是加了朱熹集注的四书《论语》。这一部四书，加上朱子集注，足足有十几本，叠起来差不多有一尺高。这可把六岁的小孩子骇倒了，觉得有一点吃不消，我记得为了这个，曾经向父亲提出一个请求，只读四书的正文，不读集注，但父亲的主意，是要我学成之后，好回乡去过小考（即考秀才）。要作八股文，就有读朱注的必要，结果只允许关于孟子部分的朱注可以不读，所以我直到现在，《论语》、《大学》、《中庸》的注子大部分还背得出。（这种预备考试的方法，也许只有江浙人是这样，他处无所闻。）

八股文这个东西，控制了明清两朝文人学士的思想行为五六百年，也就是使我国的学术界沉沦到黑暗昏雾的深渊，直到庚子拳乱之后，才经清廷废止，但其在学子脑筋中的流毒，至今还不易完全改革的，究竟是一个什么东西？我在十一二岁时，曾经学做过一点，虽然没有完过篇，但八股已经做到三四股了。简单说来，这是一种作文的格式。文章的题目，限定在四书五经中的一句或数句，作者必须在一定格式内，把题目的意思敷衍成一篇长约四五百字的文章，这格式是首二句为破题，次二三四句为承题，承题后一句转，一句合，此为首一段。其次是起讲，七八句或十数句不等，把题目的意思统说一番。然后出题作首二股，这如人的两只手；然后做两个长的中股，这好像人的正身；然后再做两个（或四个）较短的后股，如像人的两腿；这样成为八条腿子的形式，所以叫做八股文。全篇文章的说话，只许在题目内敷衍，不许越出题目范围，有所谓犯上犯下的毛病。这样，你可以看出八股文难做是难做到了极点，无聊也无聊到极点了。我现在把脑筋中还记得的八股文写出几句来做一个标本。这篇文章的题目是"子曰"两个字：

> 天为万世而生圣，圣为万世而立言焉。（破）夫天不生夫子，则无以继往；夫子不立言，又何以开来哉。（承）故鲁论二十篇，记者特首记之。（转合）曰，道统之相传也，尧以是传之舜，舜以是传之禹，禹以是传之文武周公。周公以后数百年来，危言绝，异端横，真宰淆，左道炽，天下几几乎不可问矣。而群言欲息，一圣特生，天欲夫子为百世师，圣能无一言为天下法乎。（起讲）……

我记得小时的故事，大约始于甲午中日之战，那是一八九四年，我还未满八岁。记得那年前清慈禧皇太后六十生日，到处都办"皇会"庆祝，又有一个乡试恩科，我们家馆的先生请假到成都去赴乡试去了，我们得到一个两三个月的放假。这些都在小孩子心中留下一个很深的印象。至于中日战事倒没有很大的影响。所谓"皇会"就是全城张灯结彩，贴对联，扎牌坊，比过年更加热闹。记得我们衙门大门的对联，写的是：

> 听政两垂帘，朝纲全赖回天力；
> 奉觞齐献寿，王会定呈益地图。

大家认为是一副很好的联语。十年以后，慈禧又做七十生日，那时我在重庆府中学堂做学生。学堂大门的对联，是校长杜少瑶用黄纸朱墨写的。联文是：

> 合万国奉帝母欢心，版图极大海而东，邻交极大海而西，愿八表同仁，更拓帡幪宏寿宇；
> 为诸生谈皇家盛事，康熙祝慈宁者四，乾隆祝慈宁者五，刻两朝训

政，笃生尧舜嗣徽音。

这个联语，真可谓堂哉皇哉，尽文章的能事了！但意思与前一联语完全相同，其头脑冬烘的程度，亦复不相上下。

甲午之战，中国被日本打败，割地赔款以后，全国人心不消说受了极大的震动。这个震动不久也传到穷乡僻壤的垫江县。第一，我们渐渐地得见《盛世危言》、《时事新编》一类的书了，多少知道一点国家的问题；第二，随着办新政的潮流，当时的县官（姓赵，某省进士）把县里的书院复兴起来，要提倡一点新学。他去重庆聘来了两位山长。一位是艾子熙（名缉光），他是重庆东川书院院长吕翼文的高足，王壬秋的再传弟子。一位是胡达之（名成章），专教算学。这样一位经学，一位算学，在当时已经算是中西兼备、新旧两全了。记得开办书院这一年是戊戌（一八九八），我年已经十二岁。在家馆里把四书五经都背得烂熟了，另外还读了一点古文选本及文集之类。八股文虽未完篇，史论及策论文字却能做得相当出色。知道县里在设书院，讲实学，自然也就同四弟（名鸿年，号季彭）考取进去，做了一名住院生。我们在书院里日常功课，是圈点《十三经注疏》、《通鉴辑览》、《史记》、《汉书》之类，并且做劄记。有不懂的也写在劄记上，呈院长先生批答。艾先生自己是词章家，骈文做得很好。但他教学生的，却是他的老师吕翼文做的《说文理董外传》。此书并未刻版，只有抄本。艾先生把他的抄本交与学生去传抄，我由此也知道一点中国文字起源六书的道理。艾先生曾把他自己做的《说文理董外传序》向学生开讲一次，讲的时候，先生坐在一张书案边，几十个学生围着站立恭听，也有看不见听不见的，这便是学校前身书院的情形。

书院还有一个重要的工作，便是月考，月考的题目，总不外乎经义策论之类。（此时科举未停，但八股文已废，诗赋词章更非当务之急，故只剩下经义策论了。）考取前茅的还有一点奖金，当时称为"膏火"，大约每次可得制钱二三千文。因此，同院的生员们曾闹了一个小小风潮。因为我的父亲在当地做官，我既不是本地人，便不应该占领他们的膏火。既然他们争的只是膏火，这个问题的解决就容易了。我和四弟仍在书院住着读书考试，但不要月考的膏火。也不知是山长先生有意，或那个小县真正无人，我在书院中考了十二次月考，竟得了十二个第一名！

艾先生大约还得意我这个学生，一方面也不以那些攻外籍的学生为然，他因劝我到巴县去考小试（即科岁考，考取的可称秀才）。他说，巴县下小考的童生每次在一万以上，"大而化"了，从来不攻冒籍。（所谓冒籍，是因前清考试制度，每县有一定学额。若外县的人考取一名，本县的人就少了一名，他们非加以攻击不可。）他这个意思，到一九〇四年，即科举将停止而尚未停止的一年，居然实现了。就在那年，我考进了重庆府中学堂做学生，艾、胡两先生已经在县考和府考替我"代"了一个"卷"（所谓代卷，是在县府考时报了名，胡乱托人进一场，留一个名字，不必自己去考试）。到院考时方由自己去入场，我在一万多名童生中居然考取了第三名秀才。（第一名是周家桢，重庆《广益丛报》编辑；第二名是石青阳，后来做了四川有名的军人！）因此，我可以说是占籍巴县了。虽然我的学籍，因名次关系，是归了重庆府学的。

在离开家庭与垫江这个小县以前，有一两件事值得记记。一件是每年腊月廿七夜家里的"拜利市"。（这三个字是我临时补上的。在我们小时虽然口里说着，却不知道是几个什么字。）这是每年年底，也可以说是迎接新年的一件大事。大约在腊月初间，家里就开始磨米粉，浇蜡烛，定爆仗，同时还派人到重庆去采办水果、金银锭之类，因为这些东西，必须样样齐备，是一件不可少的。在大约十天以前，就把磨好的米粉，做成年糕、松糕、团子之类，年糕又做成大小一套的元宝，叠起来有一尺多高。团子也做成五色的元宝，聚成一盘，盘顶上是一个聚宝瓶。此外一盘松糕、一盘粽子，取"高中"的意思。除此之外，还有猪头及鸡、鱼三牲（猪头与鱼皆是早早醃好，鸡是阉割过的雄鸡。），加上十余盘水果粮食。这已经够把两张方桌摆得满满的了。桌子的上端，再摆上酒杯碗筷，下端排上红桌围，并摆了香炉腊台；香炉里焚了最好的檀香，蜡台上插了定浇的红烛，加了两串长长的金银锭。这样算是完成了祀神的供品。但所祀的是什么神呢？神的牌位，我记得只写了"南朝一切众仙（？）尊神之位"几个字。（仙：字记不清楚了，不知是不是。）这个神位要这样隆重的崇拜，似乎有些奇怪。现在想来，所谓"南朝"，也许是蒙古南下后，南宋的遗民要纪念先烈，又恐怕触犯忌讳，故藉祀神的典礼以继续亡国哀思。浙人自然都是遗民的后裔，故保留了这个风俗，久而久之原来的意思失掉了，成了世俗的"拜利市"。但从牌位的几个字上还可推想一点本意，不知对不对。至于祀神的时间，则在半夜三更以后，我们都随父亲换上公服，行三跪九叩首的大礼，并三献之后，才送神，烧纸钱，燃放最长的一串爆仗。最后我们大家吃猪头肉，喝酒，吃完大约已将天亮了。到了新年正月四日迎接财神，仪式与"拜利市"差不多，但陈设的供品与香烛火爆等都比"拜利市"次一等，这可见接财神是老老实实的"拜金"主义，"拜利市"却可能有更深的意思。

垫江不但是一个小县，而且是一个山谷中间的僻县，它既不通船，也不通车。所以在小时读书说到车船的时候，都得用考古或小说的力量去想象。我记得第一次看见船，是十五六岁时，同大哥到重庆，先走两天旱路到长寿，然后由长寿雇船走水路三天到重庆。那日到长寿后第一件事，便是跑到江边去看船是什么样子。使我惊异的，是船舱那样低小，人如何能钻进去。可是到真个下了船后，在舱内躺着看书，看岸上风景，也满舒服。至于车子，更是在光绪卅二年冬出外留学过汉口时才得见的。在僻县生长的人，眼界真狭隘得可怜！

关于垫江这个地方，（在五代及北宋时史书中提及的垫江，似乎是现时四川的合江县，因为它是行军的要道，而现时的垫江县在地理上并不重要。）古来文学书籍说到的很少。我所记得的只有南宋诗人范成大，过垫江曾有一诗。此诗首四句说："青泥没骣仆频惊，黄涨平桥马不行。旧雨云兼新雨至，高田水入下田鸣。"（见《石湖诗集》）写当地的风景很确切。我自己的忆昔游，说垫江的风景有"野圃开罂粟，深山响子规"两句，也是实话。希望此刻罂粟已绝迹了。

在一九〇二至一九〇三年间，父亲母亲相继去世了，我便于一九〇四年到重庆去进府中学堂。（彼时尚无学校之名，我的去重庆，大约也是由于艾、胡两先生的怂恿。）这个重庆府中学堂，是合东川、渝郡两书院的原址改组而成的，校长是巴县举人、大挑知县杜少瑶（名成章）先生，当时称为监督。这位先生自命为写大卷办事的能手，自然是官气十足。幸而学堂中的教员尚有几位旧学优长，才气发皇的知名之士，如梅𤲬雨、杨沧白等先生，能在教室讲授之余，隐隐贯〔灌〕输一些革命排满，对外御侮的意识。因此这个学堂一时气象也还如火如荼，甚至于为当时的官场所不满。记得那时的学生要求学校做了两件事，都可以使当局发生疑忌。一件是学校中的教员学生一律改穿短装，（当然不敢提剪辫子！）一件是体操改枪操，并在府衙门请得一批真枪。你可想像，忽然一天全学堂的人都穿起胸前控了云扣，袖上钉了三道黄线，多少与营勇制服相像的黑色短衣，辫子揣在怀中的那副得意神气！教员中如梅、杨先生等也穿这样的衣服，并且袖上钉了五条金线！只有校长杜先生不曾看见穿过。

学堂的体操，也是经过相当时期的演化的，在二十世纪初年，我们可以说内地的学校还不知道体操是个什么样的东西。我们的体操起初是由留学日本返国的速成师范生来教，他们用日语喊口令，而学生们没有一个是懂日本话的，其结果不问可知了。后来请到一位当过新军的湖北人，我们才不但有了体操，而且得到一点军事训练，我现在想来，在清晨重雾的江边"托枪开步走"一小时，于身体是大有好处的。

一九〇四年重庆府虽然开了学堂，但科举仍在进行，事实上那时来进学堂的学生，一部分即是曾在县府考列前茅的高才生或案首，他们的来重庆，是等候过院试的。后来成为好友的朱蒂煌，即是那时的江津县案首。（案首即县试或府试终场的第一名。考得案首即等于已经进学，因为院试是不会给他落第的了。）这一批学生都是身在学堂，心在科举，而我呢，恰恰与他们相反，本来是要进学堂，但如前条所记，艾、胡先生等既在县府试替我代卷了，到了院试也就不免去逢场作戏。记得巴县的院试是大热天，因为考试的童生很多，在考试前一日的下午便开始点名入场。点名是依照牌号的次序。每牌有考生一百人，名字都写在牌灯上，无论白天晚间考生都可以找着自己的名字在第几牌上。这样，便不用大家全去拥挤等候了。我那天住在胡先生家，半夜里起来去点名（名字大约在第几十牌上），入场后，依着卷子上号数找到坐位。等到全体考生入场，已经是天亮时候了，然后由学台封门出题，各人去发挥他的锦绣文才，生花妙笔。记得那时的学台是湖南探花郑沅。当他出了试题之后，穿着公服花衣，戴了凉帽，手中摇着白绢团扇，来巡视坐号的时候，童生们望之真如在天上。后来民国纪元后，他在袁世凯的总统府做了一名秘书，在我们心中再没有从前那样崇高的地位了。我若再见他时，当不胜今昔之感。

考试照例是三场，第一场经义两首，一题是《乡人傩朝服而立于阼阶义》，其他一题已记不得了。第二场是史论、策问两道，史论是《伯夷叔齐论》，策问题也记不得了。两场之后，先发一"水号"，即将取中的坐号先发一榜，但不发表考生的姓名，水号取中的，再去复试。复试的一场，入场时是要搜身的。这出其不意的事，倒使我吃了一惊。复试的题，是《子夏可与言诗义》。这一场因为人少了（大约还有二三百人），考生都坐在大堂上，学台亲临监试，限一枝香时间完卷（大约不到一小时）。我胡乱写了二三百字，还不感到迫促，这要感谢学堂讲堂上考试的训练。就这样轻易地在巴县考取了一名冒籍的秀才，当时也未尝没有一点自喜的得意。不久学台考毕他去，重庆府十五属的新秀才，都到学院衙门去"送院"，我看到这一地一次的新生就有二三百人之多，于是自喜的心情便烟消云散了。

一九〇四的上半年，因为学堂与科举同时并行，许多学生都骑着两头马，学堂始终办不上路。这年的下半年，学堂才正式开学。当时的功课，似乎有国文、中史、伦理、外史、地理、政治、社会、算学、英文等科。其中梅柴雨先生教的外史、政治、社会等科，使我们得到不少新知识，确有开拓心胸的功效。其他各科都不过敷衍了事，只有伦理一科，用严幼陵译的《群己权界论》做课本，可称新颖。到了次年，学校当局因为我们这班人年纪较大，不易管理，便把我们归入一个师范班，就在那年毕业。因为是师范班，又加添了几门新功课：如物理学、化学，由京师大学堂一个师范毕业生来教；教育学、心理学，由日本速成师范生来教，这些先生又通通是把日本教员的课本拿来重抄一遍，记得心理学先生上第一课，在黑板上写道："心理学者研究心的现象之学也。"这分明是由日本讲义译出的。但当时我们对于物理化学先生的印象比这个还要坏！

那时学生皆住堂，火食自备。每月火食费记得是制钱二千四百文，约等于银元两块。我当时穷得一钱莫名，年终时火食费无法交付。有一天校长杜先生请我到他的办公室谈了一阵，送了我七块银元，使我得还清火食费。这件事是我所感念不忘的。

在府中学的师范班毕业后，我在开智小学及某私立中学教了一年书，教的是国文、格致、图书、体操等功课。小学的修金记得是二百元，中学是兼课，脩金一百二十元。这样教书一年的结果，有了约二百元的积蓄，我便拿来做游学经费，就在是年冬（光绪三十二年年底，西历一九〇七年年初）偕两个同学——周秉鲁、罗锦章——搭上一只盐船，顺流东下了。这两个同学中，周秉鲁是未得家庭许可，偷偷逃走的。那天我们上船后，船尚不开，我仍返家住一宿，但周不能回去。那夜，我们正在消夜的时候，周家来寻人了，于是我得躲在帐中，候周家的人去后方出。这位周君，在上海中国公学住不到一年，因思家仍回去了，但当时热心留学的风气也可见一斑。

乘木船下川江（一九〇六~七年川江还没有轮船）自来是著名的险途，而盐船尤为危险，因为盐船装载较重，吃水较深的缘故。由重庆到宜昌，除了三峡不算外，著名的险滩，有云阳以下的兴龙滩与峡中的新滩。照例，船过这些险滩，搭客是要"起滩"的。所谓"起滩"，是搭客为了安全起见，在滩的上流某处上岸，步行若干里，让船过了滩之后再行上船。自然也有不愿起滩的搭客，那是要把性命交与船家或菩萨了。我们经过兴龙滩时自然也照例起滩，在岸上看自己的船下滩，却是惊险难得的奇观。兴龙滩据传是由附近山崩壅江而成的。当滩初成时，江面全被山石塞断，简直无道可行，因此船坏在滩下的不计其数。后来才慢慢地开出一条水道来，但水口很窄，因之水流也很冲急。船从上流放来，有如骏马下道，越来越快，经过滩口时，更有一泻千里之势，又如飞鸟过目，倏然而逝，至下流二三十里处方才打住。我当时曾有一诗道："水不受山束，翻从山面过。腥风蹲虎豹，白日走鼍鼍。共济争生死，旁观有笑歌。由来悲蜀道，游子意如何。"也不能仿佛当时的情景。这个险滩虽然侥幸过去了，就在第二天，船仍在江边某处触礁沉没。幸而沉船的地方不在江心，故人与物都能得救，只有船主与满船的盐不知怎样了。几天后船过新滩，我们已换乘别一只船。大约这个船家自以为放滩大有把握，也不叫客人起滩，于是我们便稳坐船中，看他放这个凶滩。新滩与兴龙滩不同，是由江中乱石兴风作浪而成的。我们过滩时，只觉风起水涌，天昏地黑。一个大浪把掌舵的船主打在船沿的一边，只听他口中喊出些粗话。船头上也浪花四溅，我们舱中的衣被都打湿了，但船却已平安地出了滩。

乘船遇到破沉，也是人生难得的经验，记得过了兴龙滩的次日，开船不久，我们在睡梦中，被船主叫喊跺脚的声音惊醒了。急忙起来一看，才知道船已搁在一个离岸不远的礁石上。幸而是搁礁，所以一刻还不会沉没。我们急忙把行李往礁石上扔，人也从后舱跳到石头上。不到一刻，就有几十只小划子（也不知是从什么地方来的）来把船围住，任意抢取船中的盐和东西。眼看约有一点钟时光，船就慢慢地沉没了。我们只得包了一只小船，摇一百二十里到夔府。虽然在一个整天中没有一点饮食，但在傍晚时总算安全到达了夔府，立刻在城外吃夔府有名的羊肉面。

到宜昌时，正是光绪卅二年年末，除夕及新年元旦，我们都仍留住在木船上。我在无聊的时候，曾做了一首诗，现在把记得的几句录如下："离家才十日，转盼又经年。况乃孤舟里，那堪楚水边。青山支枕看，白昼挟书眠。……"开年后第一只到宜昌的轮船，是日清轮船公司的大贞丸，我们便买了一张统舱票，搬到轮船上住。开船后使我开眼界的第一件事，是看见船上的电灯！

在一九〇七年间，上海有两个新出现的学校，都是远方学生所向往的。一是复旦公学，一是中国公学。复旦公学是震旦学生退学出来组织的，当时的校舍在吴淞蕴藻滨，由马相伯做校长，李登辉做教务长。功课注重在读英文，学风是偏于西洋化的。中国公学是留学日本学生因反对取缔规则返国组织的。校舍在虹口北四川路底，校长是郑孝胥，教务长是马君武。不过这个学校办法特殊，它的拥戴郑孝胥做校长，大约是为对付当时的官场。因为这个学校的学生都有革命党的嫌疑，所以要拥戴一个与官场接近的名士做校长，郑孝胥当时似乎是两江总督端方的幕友。马君武先生是当时一致公认的革命党人，我到上海时，他正为要避免官场的名捕，弄到一名官费，要到德国去留学，而这个官费听说也就是端方送与他的。校中的真正负责人是三位干事，是由学生公举出来的，一位是四川人张俊生，一位是河南人王搏沙；一位是湖南人黄正祥。他们在理论上是受学生的委托出来办学校的，所以这个学校，在当时可以说是开民主的先声了。功课在英文之外，也注重理科文史等，学风不消说更是在充满了革命的空气。从这种种方面看来，可以晓得我的学校选择并非难事，即决定进中国公学。进了学校之后，第一件事即剪辫子！

中国公学被认为革命党的大本营，并非无故。当时从日本回来的学生有多少是革命党，虽然没有调查，但川人中如朱芾煌、但懋辛，就是其中的一二。后来我的加入中国同盟会，也是他们介绍的。章太炎于出狱后赴东京前，曾来公学洗过澡，而"秋姊姊"（即秋瑾，当时同学称之为秋姊姊）的言论行动，更是当时学生闲谈的好资料。马君武在一九〇七年学校开学时，曾来向学生演说，这是我见君武先生的第一面。

我所进的高等预科甲班，是彼时公学最高的一班。功课除了英文及文法之外，只有代数、几何、音乐、图画。记得英文读的是 Baldwin's Reader 第四册，文法是 Nesfield English Grammar 第三册，几何是菊池大麓的《初等几何教科书》；代数、图画教员都是日本人，有人翻译。当时所谓"高等"课目，程度如是。同学中在甲班里有苏明藻（广西人，后在美国学土木工程，于广西建设颇有贡献)、但懋辛(四川人,曾参加黄花冈之役,后为四川有名军人)、朱经农、胡洪骍(后改名胡适,此二人不用注释)。在预科乙班的有朱芾煌(前已言及,辛亥革命期间奔走南北,促成和议,出力颇多)、李骏(后留学法国,历任使领)、邓子淳、周烈忠(后改名周均时),后来都在社会上颇露头角。在我的同班中,胡适之年纪最小,但他那时已经在办杂志(《竞业旬报》),著小说。我当时有赠他的一首小诗,中间四句说:"鼎铸奸如烛,台成债是诗。雕彤宁素志,歌哭感当时。"这是我和适之文字往来之始。

中国公学校歌,用的是法国革命马赛进行曲的调子,歌词虽不见佳,颇能代表当时学子的情绪,录如下:

> 前前兮中国青年,及时努力兮莫迟延!时当元二兮国步方艰,欧风美雨兮又东渐。(重一句)天演竞存兮尔其闻旃,文明进步兮箭离弦。晓日丽空兮春华研,始贵精勤兮终贵贞坚,培尔德为厚垒!励汝志如深渊!前,前,复前,尔快发奋自雄,著祖生鞭!

提到学校勉励学生的文字,我记得赵尧生先生(赵先生曾做过东川书院山长)留在东川书院的两副对联,不可不录。其一云:

> 须想我不学问时,是将此心安顿何处;
> 试取国与天下事,先从自身平治些时。

其二云:

> 合古今中外为师,汇观其通,百派春潮归渤海;
> 任纲常伦纪之重,先立乎大,万峰晴雪照昆仑。

这两副对联,前一副似是集的语录,后一副则是赵先生自撰,并且用了赵先生美妙的书法，前一副用行楷，后一副用篆书，刻来挂在书院的大厅上。我做学生时遇有什么集会，总喜欢对它欣赏，所以现在还记得。

我所准备的留学经费，在当时的上海，留学一年已经不够（当时学校的火食费是每月大洋六元，学费及其他杂费大略相等），一年以后怎样？更是不曾想到。少年时代的糊涂，也真可以了！幸而这些困难我虽不提及，已有朋友替我计划解决。在上海时，同学傅友周、邓子淳都曾接济我零星用度，尤以四弟季彭把他教书所余接济我（此时四弟已在成都某中学任教），使我得渡过难关。下一年的计划，则由邓子淳在东京与同县李竹君、李雨田两君约好，每年借我日币一二百元，让我到日本去留学，到能考入日本高等学校为止；因为当时清政府与日本文部省有约，凡考进了指定的高等学校的都可以领官费。我当时一方面是为经费所迫，一方面也觉得在中国公学留下去没有意思，于是决定在光绪三十三年的年末，同一位同学余耀彤东渡留学了。关于借学费与我的两位朋友，李竹君是重庆府中学堂的旧同学，李雨田则素昧平生，他们肯慷慨借助，是极不易得而至可感激的！

去日本时，我坐的是统舱，船似乎叫"山口丸"，相当的小，海船的统舱不比长江船，它在船尾的下层，既不通风，又臭又黑暗。开船后天气又坏，我在舱内躺了两天，丝毫饮食未进。这是我第一次航海，想不到是这样的苦！两天后船近长崎口，我才上甲板去望望，只见青天碧海，上下一色，中间点缀了一些岛屿，使人立刻忘掉了几天来的困苦。我还胡诌了几句诗道："昨日天狂浪如山，今朝风死海波闲。空间一碧无天地，时有群鸥相往还。初见岛峦散米粒，旋惊烟嶂如仙班。蓬莱自有殊胜处，使我对之一开颜。"虽然如此，海上两日的昏晕与长崎口验病的噜苏，使我对海程发生厌倦，于是就在长崎换了火车，同余君作哑旅行到东京。记得我当时手中还抱了一床中国草席，一路和日本人作笔谈或英语（在中国公学一年所学的！）会话，情形抑何可笑！

到日本留学的第一个目的，自然是以最短的时间考入一个有官费的高等学校，这第一，须学日本话（从アイウエオ学起，到能和日本人同班听讲）；第二，须有日本中学的毕业文凭；第三，还要经过入学的竞争考试。这些，我都在一年又半以内，通通做到了。我以一九〇八年年初到东京，一九〇九年秋考入了日本东京高等工业学校，从此我算脱离了中学阶段，并且成了官费学生，不靠借债度日了。

日本当时的学制，高等专门学校专授应用知识，正式大学（如东京帝大）则教授高深学理，另有一些普通高等学校，则为大学作预备。高等学校都是三年毕业，但中国人入高等学校的须先读一年预科（当时所谓取缔规则的风潮平息已久，又因高等学校都有官费，所以每校投考的人也相当的多），预科毕业以后，方与日本人同班上课。我进的是应用化学科，用意别有所在，将于此下说明。在预科的一年还有一个笑话。当时学校特别为中国学生设立了一种奖牌，名"手岛"奖牌（手岛是校长的姓），专给一年以内不曾"迟刻"的学生，我在这一年以内每天都不曾"迟刻"，可是在最后一天，不知怎么，忽然搭错了电车，绕了一个大弯之后，到学校已经迟刻了。因此，奖牌自然得不到，心中不免难过了一阵，但最后几分钟偶有差池，一年的功夫皆成枉费，在我正是一个好教训。

庚子拳乱以后，满清政府虽然想拿立宪来缓和人心，但革命运动却已弥漫全国，大有一触即发之势。在东京的同盟会员，大都各就所能，担任一部分工作。有的与日本浪人接头，购买军火，有的自己设法制造炸弹，为军事或暗杀之用。川人喻云纪（名培伦）、黄复生，皆因为制造炸药而炸伤了手或眼睛。我想，要制造炸药，除非先学化学，恐怕没有更好的办法。所以我决定去进东京高工应用化学科，目的就是要制造炸弹；可是想不到革命进行意外的快，我的学校尚未毕业，而辛亥革命已经成功了。购买军火的事，则常常与宫崎寅藏接头。宫崎寅藏是孙中山先生的老朋友，曾以白浪庵滔天的笔名写了一本书，名《三十三年落花梦》，叙述他和中山先生结交的经过。这本书曾有中文译本，我在中学时即已看过，对于革命事业的宣传大有力量。记得我和李伯申（名肇甫，后来做四川省议会议长）常到他家里取了要买的手枪，藏在大衣里面，拿回下宿屋交与购买的人。（张奚若曾为其中的一个。）有时他也请我们在他家里吃饭，大杯酒，大碗鱼，十足表示浪人风格。在东京几年的革命工作中最紧张时期，要算辛亥三月廿九日黄花冈之役。那次的军事组织，我不曾参加，但有好些人到香港去，我是知道的。（其中包括同居的朋友王子骞、曾子玉等。）记得有一天喻培棣（培伦的弟弟，后做四川师长）忽然从香港回来，说要预备一种发动的布告，到国内长江一带去散布，以便助广东方面的声势，并且牵制长江方面的援兵。我和喻君两人，就在一天之中，做好布告，油印几百张。但没有官印怎么办？恰好我小时也喜欢刻印玩，此刻手边又恰有一颗二三寸见方的大寿山石，我于是连夜刻成一颗"中华民国军政府印"的印章，盖印在布告上。后来喻君回到中国不久，广州革命失败了，我不知道这个布告曾与民众见过面否？

辛亥广东革命的失败，是留东革命党的一个大打击，在我个人尤觉得特别难过。因为知道革命事业虽不因这一点挫折而中止，但许多革命健将和熟识的朋友，将从此不能再见了。想不到过了些时之后，许多朋友居然生还，尤其使我们高兴的，是黄克强、赵伯先、熊锦帆等都能逃出。四川朋友只有喻云纪遭难、但怒刚被执，而且不久之后，熊锦帆、洪承点（安徽人，后做江苏第二师师长）都回到东京，在我们的一个宿舍同住。当时我们于抑郁无聊之际，特请熊锦帆教我们击剑的技术以作消遣。我的《忆昔游》诗中所说："灯寒方学剑，酒罢亦吹箫"即指此时。就在是年八月十九日（阳历十月十日）武昌起义，革命事业又有了转机，这一班人就纷纷回到中国去了，我把同盟会的事务稍稍作一结束之后，也遂抛弃了学校，抛弃了几年来积存下来的书物，手中提了一个小小的衣箱，离开新桥车站，回向革命战争正在澎湃进行的祖国来，我感觉到一生的心情再没有比此时更轻松的了！

我在东京一共住了三年又十个月的时间（一九〇八～一九一一），在东京高工学校则刚刚进入它的本科二年级。在学问方面，自己认为值得的，恐怕是从章太炎先生读了几年国学。太炎先生的文章我在中学时代（在重庆时）便已读过他的《答康长素书》及《訄书》，答康书是以魏晋人的吐属，讲排满革命的道理，真是淋漓痛快，得未曾有。《訄书》则是他讲学的论著，文字艰深古奥，甚为难读。但我在一个暑期中仍把此书点读一过。（此书的大部分现仍收入章氏丛书的《检论》中。）后来，章先生又以苏报案的关系，坐了三年的西牢，故东京革命党人崇拜的对象，无过于章氏了。我到东京的一年，章氏正在主持《民报》，同时也有一班"同志"组织了一个讲习班，请先生开讲国学。记得第一次开讲，是在神田区的大成中学，讲的是音韵学。后来索性用《段注说文解字》做课本，按字解释。《说文》讲完后，继以郝氏《尔雅义疏》，王念孙《广雅疏证》。我们都把先生口讲的记了下来，批注在各书的当条顶上，可惜这些书在我返回时都扔掉了。小学讲完后，先生曾讲过一次《庄子》。记得开讲时，先生谈到《庄子》书中许多关于文字的创解。学生中有请先生把它写出来的，他次日即拿了一部全加了顶批的《庄子》来与学生，其精神的专注实可惊异。（后来即成《庄子解故》一书。）先生又曾作了一次中国文学统系的演讲，记得这是在他住家的小石川区某处讲的，先生坐在"榻榻密"（叠）上，手中不拿一本书、一张纸，一气两三小时，亹亹而谈。倘能把他的讲话记了下来，可以不加修改，便是一篇绝好的白话文章。这样讲了大约有四个上午，把一部中国文学史讲完了，后来便成他的《国故论衡》。（可惜他写成古文以后，失掉了讲时的活泼风趣。）太炎先生同我国古来的学者一样，不修边幅，不注意饮食起居（据说他入浴时，非有下女的催促，可以不出浴池。），但对于学生要求讲书，没有见他推辞过。这种讲学，于先生本人的成就也大有好处，据我所知，章先生的著作如《文始》、《新方言》、《岭外方音集》、《庄子解故》、《国故论衡》，都是在此时成书的。

当时听章先生讲学的学生，后来有几个成了语言文字学或历史学的专家。如浙人中的钱玄同、朱希祖、二马（裕藻、叔平）、三沈（士远、尹默、兼士），陕人康宝忠，皆在北大做文字学或历史学教授。另外还有浙人龚味生、川人童慎如、邓子淳、钟雅琚、贺伯衷、曾通一，都是常去听讲的。我呢，当时颇觉得于如何去学习中国文字已有把握，也曾努力做过几篇文章。记得就在武昌起义的前后，因四川的铁路风潮，做了一篇《川人告哀文》登在上海的《民立报》上，当时日本新闻界颇注意中国的言论，《川人告哀文》登出后，《朝日新闻》的上海访员曾打电到日本，说有这样一篇慷慨激昂的文章出现。我又曾受东京同学会的嘱托，做了一篇《为铁道国有告国人书》，也是一篇激烈文字。这两篇文章都是不具名发表的。民元以后，某日与鄂人田梓琴（名桐）谈到时下的文字，他说："近年以来，我只看见一篇好文章，就是不知何人所做的《为铁道国有告国人书》。"我听了这个话也未尝没有一点暗地的高兴。

一九一一年我由东京返到上海，大约是阴历十月初间，正是菊黄蟹肥的时候。此时上海已经光复，苏浙的革命军正在进攻南京，与张勋的军队在南京城外作战。四川则自端方带兵入川以后，情形颇为浑沌，于是在沪的川人商议组织蜀军，返川救援，推熊锦帆做首领。后来这一班人马，在四川政局上发生极大作用，其起源即在此。但要这支军队返川，必须假道武汉，于是我与一位姓李的川人被推去武昌与黎元洪的军政府办交涉。当时长江虽有战事，但外国籍的轮船仍可通行。记得船过南京时，南京方于前一日（阴历十月十二日）克复，我们在船中还看见城内地雷爆发，黑烟冲天，又看见下关一带革命士兵正在挨户搜查。船过湖口，又被岸上炮台发炮制止通行，随有军士上船检查后方允放行，这也是革命军的行动。我们到汉口时，冯国璋的兵已打到汉口，且把租界以外的商场烧得精光了!!! 革命军在黄兴 （黄克强到汉时，曾由黎元洪登坛拜将，此时称总司令）指挥下的，退保汉阳，不久（十月七日）汉阳也失守了。北军的炮火，由汉阳轰武昌，本来最便利不过。可是此时的袁世凯，正玩弄其养敌自重的把戏，方与革命军停战言和，使其在前方的将领段祺瑞、冯国璋等通电主张共和。所以我们到汉口时，南北两军正在停战期间。我们既要见黎元洪，自然非到武昌不可。此时武汉的轮渡早已停开，听说武昌城门也只有某门每天开几小时。我们打听清楚后，就雇了一只小船，过江去访黎。进城才知军政府所在的省议会，曾受北军炮轰，黎与政府都迁到城外洪山寺去了。我们又跟踪到洪山寺，在此才真正看见当时革命军的军容。大殿上横七竖八躺着的军士不用说了，守卫军府每一道门的士兵，则穿着圆领窄袖的长袍，头上戴的是四脚幞头，前面还扎一个英雄结子，手里执着有柄的长刀或马刀之类，使我疑惑这些人是不是刚从戏台下来的。那天晚上，我们就住在黎的副官川人冯忠信那里，等候见黎元洪。大约在三更时分，秘书处忽抄出重庆都督张培爵宣布独立的电报，于是大家说：蜀军不用返川了，留在外边做北伐军队吧。事实上，这也就是见黎元洪谈话的结果，我们几天后复返上海。回到上海不久，各省代表会议选出孙中山先生为临时大总统。决定次年阳历元旦在南京就职，成立临时政府，总统府的秘书长，已内定胡汉民了，汉民先生要找几个人前去帮忙。于是我同朱芾煌、黄复生、雷铁崖、吴玉章、李伯申、熊斐然一班人，搭了中山先生赴南京花车到南京，这是一九一二年阳历元旦的前一天，实即辛亥年十一月十二日。记得那一天早晨到上海车站上车时，车站中布满了上海军政府的军队，沿着人行道列队肃立，每一军士的枪筒上都插了一枝小五色旗。这是我第一次看见五色国旗，一下子身入其中，真有"目迷五色"之感。（此时革命军中有两种旗帜：一是武汉军中所用的铁血十八星旗，一是沪宁一带所用的五色旗。后来定五色旗为国旗，也是因为它大方美观的缘故。而孙中山的青天白日旗，直至民国十六年国民革命成功方正式采用。）

这一列花车，大约在上午八九点钟开车，一直到晚上八九点钟才到南京，转轨到督署车站下车。这个两江总督的衙门，即太平天国的天王府，也就是新成立的中华民国的临时总统府。我们秘书处办公厅设在西花园的一座小洋房（因为它接近于总统的住处），而我们的宿舍却在正屋的大厅里。我因坐了一整天的车，倦极了，吃过饭倒头便睡。第二天一早起来，才知道中山先生已于昨夜受印就职，改用阳历，本日是中华民国元年元旦！

这个秘书处的组织非常简单，人才却也相当驳杂。现在就据我记得的略为纪录于下：

秘书长　胡汉民

总务组　李肇甫　熊斐然（此二人后做参议员去了）

吴玉章　萧友梅　任鸿隽

军事组　李书城　耿伯钊　石　瑛　张通典（张默君的尊人）

外文组　张季鸾　马　素（唯一能用打字机写英文的人）

民事组　但　焘　彭素民（江西人，善骈文）

电务组　李　骏　谭仲逵　刘鞠可　黄芸苏

官报组　冯自由　易廷熹

收发组　杨杏佛　李　□（李骏的叔父）

此外关于法制的事有法制局，宋遯初为局长；印铸的事有印铸局，黄复生为局长。朱芾煌不久仍去北京与汪精卫同运动袁世凯赞成共和，雷铁崖则因文字与汉民意见不合，一怒而去了。

做秘书重要的职务，不用说是草拟文稿。在这里三个月中执笔最多的，要算是张季鸾、但植之、彭素民、易廷熹及我。记得孙中山就任时《告前方将士文》、《咨参议会文》、《祭明孝陵文》，都是我做的。汉民先生有时有紧急事件，也自己执笔，一挥而就，我常佩服他的敏捷。我们此时也很注意公文程式的改革，就是说话力求单简明了，把"大人老爷"、"等因奉此"等滥调一律取消，这可以拿临时政府时代的官报来证明的。不意在十几年后，国民政府时代，公文上的官僚作风又盛行起来，反而变本加厉，因此使我感到当时这一点小贡献也算难得。

住在临时政府的总统府中，免不得要深居简出，所以我对于南京的印象，只有两次比较深刻。一次是中山先生致祭明孝陵。当时明故宫的皇城，虽已残破不堪，但大体仍然存在。城内本来就是满人驻防的旗营，将军衙门也在里面。经过此次革命之后，城内是一片瓦砾，没有一间完整的房屋了，但残破垣墙下，有时还留着。"上任大吉"的红纸报条。在这样荒凉环境中，沿途布满了各种军队的队伍旗帜，真使人发生异样感觉，要问这是置身邦埤古城，或沙漠旅行吗？一次是南京地方团体，借了复成桥总商会的地方欢迎中山先生。因此，我们得坐了马车，穿行于迤逦曲折、绿杨垂荫的马路上。这一天又是春和景明，主人殷勤款待，愈觉南京的可爱。再有一次，大约是南北共和成立纪念日，各机关放假一天，几个朋友约着去逛下关。我们坐了小火车出城，在下关的一个旅馆住了一夜。后来知道这些逛下关的朋友皆是别有企图，而我呢，原来"醉翁之意不在酒"，只好自认晦气，拂衣而返了。

这个临时政府成立了恰恰三个月，在是年四月初间，以南北和议告成，举袁世凯为临时总统而归结束。在这期间，大家都希望听一听中山先生的演说，而他老先生总是守口如瓶，任何公众集会或重要典礼，他总是木然参加，几使人疑惑他是一个不会说话的。后来他交卸了总统职位之后，才在欢送会上大放厥词。我常想，这也是他的天才的表现罢！

当时南京政府公务人员的待遇，是食宿由公家供给外，每人发军用券三十元。此时的军用券发得不多，仍有银元的价值。我拿到这三十元，也没有用处，大半送给朋友了。

南北和议成功后，临时政府没有什么可办的事了，于是大家开始举行各种追悼会或纪念会。我记得这些会的第一个，是由此时驻扎南京的蜀军发起，追悼刺五大臣的吴樾、刺凤山的温生才、刺良弼的彭家珍以及在革命起事中遭难的许多烈士。我代孙中山总统拟的一副对联：

> 落落群公，义声早澈朔南暨；
> 茫茫万古，浩气长留天地间。

自以为尚属落落大方。后来各省各军的追悼会纷至沓来，几乎成了长日的办丧事（国民政府时代的国葬，也有这个情形），我深悔当蜀军发起第一个追悼会时不曾予以阻止。

临时政府结束时，唐少川以第一任国务总理的资格，率领了一班秘书来南京接收政府的机关。记得到总统府秘书处来的有俞人凤、顾维钧、曾广勷等人。这些人都是西洋留学生，返国不久，穿了极漂亮的洋服，似乎还没有多少官气。至于我们这一班原在临时政府服务的人员，要做官的当然有官可做（事实上，有些部门曾临时加入一些职员，为他们到北京做官的地步。），不过我和几个在秘书处的同事，决定再到国外去继续求学，将来再以所学报效国家。因此，我便拟了一个呈文，请求总统予以批准。此次列名的大约不过十数人，后来增加到三十余人。如宋子文、曾广智（曾广勷的弟弟）、冯伟（冯自由的弟弟），还有胡汉民的两个妹妹，他们既未在政府任过事，有的还在学堂读书，此次各以私人的关系，得到出洋留学的机会，不知何以对其他学生。无论如何，我们的呈文是批准了，但我的名字，本来在第一名，却被除去了，这使我大吃一惊！我立刻去见胡汉民，探问理由。汉民说："我们希望任先生不要出去。"并说，这是蔡先生的意思。（此时蔡子民先生是教育部长。）于是我又去见蔡先生。蔡先生说："此时民国新建，我们希望任先生在政治上、道德上（此时蔡先生正和汪精卫等成立"四不会"，故提到此点。）多尽一点力，不必急于去求学。"（我和蔡先生谈话，这尚是第一次。）参议院方面也要我去担任秘书长职务。议员中的朋友熊裴然、李肇甫都说，"这已是金邦平的地位（金邦平在前清时是留学生考试取中的洋状元，后做资政院秘书长），你何必再去留学呢？"但留学西洋，是我多年的梦想，此时既有这个机会，当然不甘放弃，对于诸位先生挽留的好意，但有感谢而已。这个留学案后来归稽勋局（局长是冯自由）办理，因之我们这批学生又叫"稽勋学生"。而稽勋学生也就越来越多，到民国二年第二次革命失败而后停止。（第一批稽勋学生到美国、英、法、日本都有，我是指定去美国的。）留学的案虽定，但何时出国仍不知道，我于是搭了唐少川包的一只招商轮船，到北京去观光一下。此时国务院的秘书长是魏宸组。魏是临时政府的外交次长，他和黄大伟、陈宽沅（均湖北人，比国陆军学生，此时做总统府参军，）同住在我们的宿舍里，所以相当熟悉。他约我到新成立的国务院去帮帮忙，我答应了，就在国务院做了一名秘书。我的特别任务，是担任国务会议的记录，因此得以列席旁听行政机构最高的国务会议。当时的国务院是南北统一后第一任责任内阁，阁员皆极一时之选。据我所记得的有以下各员：

总理	唐绍仪	内务	赵秉钧	外交	陆征祥
财政	熊希龄	陆军	段祺瑞	海军	刘冠雄
交通	施肇基	教育	蔡元培		
工商	陈其美（未到任、以次长王正廷代）				
农林	宋教仁	司法	王宠惠		

这些人，除蔡、宋、王是同盟会员外（此时还没有国民党），唐少川也加入同盟会，熊希龄是共和党，其余都是袁世凯手下的旧官僚。最使我奇怪的，是开会时这些负国务重任的衮衮诸公，除了闲谈一阵无关重要的话外，竟难得看见有关国计民生的议案。例如陆征祥是当时全国属望的第一等外交人才，在唐内阁成立迟迟又久之后，他才姗姗然从俄国回到本国来。（他原是驻俄国公使。）但他第一次到国务会议，只大讲一阵外国女人的长裙是如何优美，上海外国女子所穿的都是爬山的服装之外，没有听见他报告一点国际外交的情势。熊希龄大约是以党派的关系，对于唐少川总有一点抬扛的神气，但他是比较有办法、肯说话的一个人。我此时有一个感想：这样的国务员，即送与我，我也不做了。这个唐内阁，为了王芝祥督直问题，因为军人的反对（这是唐少川自己说的），事实上即国务院与总统府的争权，两个月便垮台了。随着唐少川的辞职，同盟会的几个阁员，因为实行责任内阁制度，也同时辞职（这可以说是中国政治史上唯一的实行联带负责的一次。）不消说，魏宸组的秘书长非得辞职不可，而我也就乐得飘然远行了。

　　当辛亥武汉事起，南北斗争正在激烈进行的时候，在北方的革命党人组织了京津同盟会，要借民间的力量来帮助解决满清及南北问题。此时刺摄政王的汪精卫、黄复生，已由清廷特赦出狱，京津同盟会即推汪精卫做会长，朋友中如朱荪煌、赵铁樵，皆在这会内工作。后来炸死良弼的彭家珍，炸袁世凯未成功因而殉难的杨雨昌、黄之萌、张光培，也是这会的会员。这会在天津办了一个机关报，名《民意报》，名义上是汪精卫做总编辑，事实上汪精卫当然无暇及此，另外有人负编辑的责任；总经理则是赵铁樵。当唐少川内阁垮台之后，赵铁樵即来约我去做《民意报》的总编辑。我因出洋的日期既尚未定，《民意报》又以历史的关系，亦复义不容辞，就答应到天津去办报了。当时在编辑部的，据我记得，有李炳英（四川人，曾从章太炎讲国学）、何慎其（广东人，曾任法官）和我，都是担任论说的；张坚伯、何鲁担任翻译；杨杏佛，驻京访员，每日通信或电话一次。我们这个报既是革命党的报，又因历史与地理的关系，言论针锋，总是对着袁世凯寻瘢索疵。我记得当时总统的称号并不一定，有的加一个"大"字以示尊敬。但在我们这个报里却只称他袁总统，绝不称大总统。这虽是小事，无关宏旨，但很可代表我们对袁的态度。还有一件使袁大感不快的事，是我在这个报上发表了一篇连天记载的《共和建设别记》长文。这篇文章，是根据朱荪煌的日记，改成第三人记事的口吻而成的。上面曾经说过，朱荪煌是我的中学同学，也是革命党员，在东京留学时，也是同住在一个房子里的。辛亥武汉事起，他立刻束装归国，先到河南彰德去说袁世凯。（此时袁虽受了清廷两湖总督的任命，但尚未出山。）大约此时革命党人去见袁世凯的并不多，袁也正要有人与革命势力通声气，所以他甚得袁的信任，不用说，袁正想要利用他。后来在满人负固期间，他帮袁设法铲除了良弼；在南北议和期间，他替袁通声气，要求南方选举他做临时总统。这些内幕，都在他的日记中详细记载。南北统一之后，我到了北京，荪煌还住在锡拉胡同袁世凯的公馆里，有一天荪煌拿他这一本日记与我看，意思要我替他保存作历史资料。我想，为保存计，莫若先为发表，于是不管三七二十一，就用了《共和建设别记》的题目，在《民意报》上把它发表了。这篇记载大约发表不到一半，袁世凯已忍无可忍，便设法叫法租界当局把这个报停刊了，我记得这大约是八九月间的事。此时中山先生应邀北上，与袁世凯商量国事，我曾把《民意报》的事与中山先生提及，要他向袁世凯解释复刊。中山先生说："我和袁世凯讨论的事关系大局，说得不好，南北可以开战，一个报的小事，值不得去求他。"后来终于由梁士诒出来调停，经过一个多月之后方得复刊。但此时我们放洋之期已近，我便不再返报馆，在某一个晴明的初冬清晨，乘津浦车南下了。

这样，结束了我短时期的报馆生活。当时报纸的作风，注重在言论上，故每天必有一篇以上的社论，一两个时事短评，这在执笔人不多的报馆里，是相当繁重的工作。记得我有时因为赶写社论时评，直到午夜以后方得休息，星期日也得不到休息，因此决心此后不再干报馆的事了。但《民意报》在当时的言论界中也未尝没有一点地位。两年前在杭州参观西湖边的博物馆，在革命历史栏中，发见陈设有《民意报》的旧报纸，其中有一照象插图，我自己的照象也在其中。这使我感觉到这个报纸在历史上的一点地位。

当时的津浦车虽已卖票，但未直接通车。记得由天津到浦口，第一天宿济南，过黄河时正看见黄河铁桥造成了一半。第二天宿徐州，住在卧车上。第三天方到南京。我们去美国乘的是"蒙古"轮船（S. S. "Mongolia"）这是当时来东方的头等好船，坐的又是头等舱，（因为美国限制华工的关系，往美留学的均须坐头等舱方得登岸。）这样把我们这批留学生载到一个新世界。在我个人的生命中，也开始了一个新的阶段。

1950年

导读 　　《科学》是中国现代最著名也最具影响力的杂志，它随中国科学社的诞生而诞生，自1915年创刊以来，始终坚持以"传播世界最新科学知识"为帜志，在传播科学理念、介绍科学知识与原理、传达中西方科学研究最新成果等方面做出了巨大的贡献。任鸿隽作为《科学》的发起人之一和核心人物，有责任对这份对中国现代产生过巨大影响的刊物留下独有的珍贵史料。

《科学》三十五年的回顾

　　中国科学社的《科学》杂志，从1915年（即民国四年）开始刊行，到1950年发行到32卷。从1951年起，这个有三十五年历史的杂志将停止刊行。许多朋友以我曾为《科学》发起人之一，要我就个人想到的几点，写出来请读者指正。

　　一、我首先要说的是：这次《科学》的停刊，并非出于消极的态度，而是出于积极的精神。本来发行学术杂志是一种艰难的事业，而在我国尤难，因为读者较少的缘故。我们为提倡科学而发行杂志，三十五年以来，社中同人苦心支持，已感到心力交瘁。但因国内尚无同性质的杂志出现，虽感负荷艰难，也不敢放下担子。现在好了，国内同性质的杂志出现的已不止一种了（如中国科学院的《科学通报》与中国科联的《自然科学》），如《科学》仍然继续出下去，便是重复，便是浪费。所以《科学》的停刊，可以说是表示科学界的大团结。而且我们有理由相信，在人民政府的支持下，在全国科学界的通力合作下，将来的科学杂志比以前的更要办得好些。

　　二、说到《科学》的历史，我们不能不回想到它发起的时期。那时是1914

年即第一次世界大战爆发的一年。当时我们看见世界各国生存竞争的剧烈，无论是战争或和平，设如没有科学，便休想在世界上立住脚。而环顾我们国内，则科学十分幼稚，不但多数人不知科学是什么，就连一个专讲科学的杂志也没有。于是十几个还在外国留学的学生怵然于"国力之发展必与其学术思想之进步为平行线，而学术荒芜之国无幸焉"。就"相与攟讲习之余暇，抽日月所得，著为是报，将以激扬求是之心，引发致用之理"（引见《科学》第一卷第一期发刊词），这样，《科学》就在1915年1月开始与世界相见了。记得在1914年秋天筹备《科学》出版的时期，我们除了预备各人担任的文稿外，每人每月还节省出学费3元至5元，作为《科学》的印刷费，到文稿和印刷费都积有3个月以上的准备后，我们才托上海的寰球中国学生会干事朱少屏君代我们付印与发行。这些虽是小事，但颇足代表当时发起人自我牺牲与倚赖自己的精神。

由1915年1月到1950年12月，整整过了35年。在这35年中，刊行了《科学》32卷。中间所以缺少了3卷，有时是因为编辑部的迁移和印刷的困难，有时是因为时局的关系。印刷的困难，直到科学图书仪器公司成立才能解决；时局的关系，尤其以1941年珍珠港事变以后，《科学》由上海迁移到内地去印行，影响最大。但无论如何，《科学》总是排除万难，继续出版，以至完成32卷。这是靠了多年以来主持编辑与经理的各位社员的努力，以及一般社友的热心赞助，才能有此结果。在初期编辑中有杨铨、胡明复、赵元任诸人，经理中有朱少屏、胡明复、过探先诸人，勤劳独著；后来担任编辑与经理的有刘咸、卢于道、张孟闻诸人，皆是值得我们纪念不忘的。

三、说到《科学》的内容，我们先看第一卷第一期中的例言。例言的第一条说：

> 一文明之国，学必有会，会必有报，以发表其学术研究之进步与新理之发明。……同人方在求学时代，发明创造，虽病未能；转输贩运，未遑多让……他日学问进步，蔚为发表新知创作之机关，是同人之所希望

者也。

这是说，《科学》的创始虽仅以"传播世界最新科学知识为职志"，最后则期望它为发表自己"新知创作之机关"。作者在《科学》第一卷第六期《解惑》篇中曾有以下的几句话：

> 他日者，学术昌明，研究精进，安知不与他国之学术杂志同占学界上之要位。令讲学者引证曰"见某年《科学》某卷"，则吾人之愿毕矣。

这可见《科学》的目的，不但是传播新知以促进科学的研究，还要发表研究结果以建立学术的威权。这个目的虽然未必遽能达到，但《科学》编辑的内容则显然是从这条路径进展。我们试看《科学》首二三卷登载的文字，以鼓吹科学效用及解释科学原理的为多；到第三四卷以后，则渐渐登载国内科学家自己研究的结果；到最近几年来，则以英国的《自然》杂志（Nature）为模范，注重在发表专门研究的著作；这大约是读者所有目共见的。

关于《科学》的内容，我们有时听到一种批评，说它过于偏重理论，未能与实际相结合。这种批评，我们极愿接受，同时也可作如下的说明。第一，偏于理论，脱离实际，是我们二三十年来研究科学的普遍现象，《科学》是反映当时科学发展情形的，自然脱离不了这一般的现况。第二，所谓理论与实际，不知是指哪方面情形而言。若就一般的社会情况而言，当三十余年前一般人还不明了科学究竟是什么东西的时候，我们不惮烦言地指陈科学的性质是怎样，科学知识和其他知识的差别在什么地方，这些正是合乎实际的主张，不得以其是关于理论的文字而谓其脱离。第三，若理论与实际是指科学的原理与应用而言，则在《科学》发刊号的例言中，我们曾标举一个原则，说"为学之道，求真致用两方面当同时并重。"所谓求真，即是指学理；所谓致用，即是指实际。我们试检查一下《科学》第一卷的索引，关于算学、天文、物理、化学、地质、气象、生物、心理、教育及普通性质的文字约为129篇，而关于各种工程学、矿业、农业、卫生、建筑、实业的文字约为118篇，两种数目几乎相等。以后关于普通理论的文字逐年加多，专门技术的文字渐渐减少（请参阅《科学》第二卷以后各卷的索引），这是因为各种专门学会渐渐成立了，而且各学会都有它的专门杂志，所以许多专门性质的文字便可不在《科学》上发表了。如其以关于应用科学文字的稀少，便指为脱离实际，我们以为是未加深思之言。我们须知，如讨论科学研究问题、科学教育问题、科学名词问题，甚至如科学方法问题，哪一样不是目前所切实需要的？科学的范围愈来愈广，实际的需要也随时而不同。主持科学界言论的威权者，应该放大眼光，顾虑周到，方能真正做到切合实际的工作。从前的《科学》如其对于此层未能做得尽善，尚望后来者共勉之。

四、读者如要问发行了三十二卷，除了成为我国历史最长久的学术杂志而外，究竟还有什么成就？这个话很难确实地答复。必不得已，我们不妨举几个小的数字与故事以代说明。

《科学》至1950年为止，出了32卷，以每卷12期，每期六万字计算，应有三千余万字。每期除了科学消息、科学通讯等不计外，以长短论文八篇计算，应有论文三千余篇，假定平均每人作论文三篇，则有作者一千余人，通过《科学》而以所学所作与当世相见。这一点不能不算《科学》的小小贡献。至于这些文章对于学术上、社会上所发生的影响，姑且不在话下。

《科学》的销路，自来就很有限，大概始终不曾超过三千份。但国内所有的中等以上学校、图书馆、学术机关、职业团体、订阅《科学》的相当普遍。不但如此，《科学》也曾被用来与外国的学术机关交换刊物，并且得到外国学术团体的重视，拿来代表我们学术活动的一部分。就在眼前，作者的案头上还收到德国柏林《化学汇报》（Chemische Zantralblatt）的一封信，查问《科学》在1941年以后是否照常出版。据说，这个杂志一直在做《科学》论文的摘要。现在有几年不看见《科学》了，故此来信探问一下。

五、如上所述，《科学》的问世，不过出于一班书呆子想就个人能力所及对于国家社会奉呈一点贡献。他们做文章，做事务，不但不希望物质的报酬，有时还得自己贴补一点费用。例如在《科学》上投稿的，向来不收稿费，只以本文的复印本若干为酬。直到最近，因文人生活困苦才对投稿者略备稿费，但也微乎其微了。主持编辑的人除了一二特别聘请者之外，也是不受薪资。因为有了这些热心与牺牲，这个杂志才能维持到35年之久，这是我们应该记念的。又《科学》自出版之后，不断地得到社会人士及学术机关、职业团体的赞助，使我们在精神上物质上均得到无限的鼓励与帮助，也是《科学》能够维持长久的一个原因。我们应借这个机会，向以前曾经支持本志的人们及团体致深切的谢意。

记得当《科学》举行第一周年纪念时，曾得许多社会贤达撰词致祝，殷殷属望。黄任之先生的一首诗（见《科学》第二卷第一期）命意尤为切至，请引之以终吾篇：

治学如治玉，鳃理可别异。治学如治水，广川一源始。语精通鬼神，语大经天地。用之康世屯，守之尊国粹。栖神自悦怡，沾焉非其至。秦火不西流，禹教颇旁暨。百家恣腾踔，拔帜以立帜。遂令青年俦，远揽彼邦懿。进化与争存，微茫责谁寄。报国以文章，虽小聊堪识。中原正丧乱，迟汝经纶试。

1951年

导读 本文选自任鸿隽译著的《爱因斯坦与相对论》一书，本书由科学技术出版社于1956年12月出版。爱因斯坦是20世纪最伟大的科学家之一，介绍他的人生历程可以使读者更深切地了解他的科学理论。

爱因斯坦传略

爱因斯坦名阿尔培特，以1879年生于德国东部的乌尔姆城。他的父亲名赫尔满，开了一个电化工厂，在爱因斯坦出世一年后他的父亲即迁到慕尼黑去开厂，所以他少年时期的教育是在慕尼黑的学校开始的。他在中学时，不喜欢各种强迫训练及形式主义的功课，但当他读到几何学时，立刻发生浓厚的兴趣，使他不能放下书本来。因为几何学中理论的明确，演证的有步骤以及图形与说理的清楚，使他感觉到在这个杂乱无章的世界中还有秩序井然的存在。又当他刚六岁的时候，即开始学习小提琴，对于教师所用的呆板方法深感不满，后来用他自己所创的特殊方法去学习方觉满意。因此他对于古典音乐有了深嗜笃好，到他十四岁时，已能登台伴奏。这样，算术物理和古典音乐就成了他平生的两个伴侣。

爱因斯坦在中学时，一般功课皆属平常，但算术的成绩则远在全班同学之上。当他十五岁时，他的父亲因经营工厂失败而迁到意大利去了，他也因为性情孤僻，不为学校中的师友所喜爱，于是也退学到瑞士的苏黎世去，进一个有名的高等工业学校，目的在专攻理论物理与算术，为将来担任学校教授作好准备。就在二十世纪开始的一年，爱因斯坦在这个学校毕业了，因为他非瑞士人，要找得一个教学的职位甚不容易，后来由一位同学把他介绍到伯尔尼的发明注册局去做一个检验员。这个职位对于他很相宜，因为既使他有了充分的余暇，又使他接触到很多发明家的新意思，给他一种思想上的刺激，就在这伯尔尼发明注册局任职期间，（1905）爱因斯坦发表了他的特殊相对论。

特殊相对论的出发点，是要解决多年以来在物理学家心中的"以太"问题，也就是绝对空间的是否存在问题。这个问题是古典物理学遗留下来的。因此，我们有回溯一下相对论发明以前物理学情形的必要。

我们知道，牛顿力学是以物体在空间距离的改变来表示运动的。牛顿力学的基本观念，又从伽理略的物体运动原则发展而来。伽理略把物体下落的运动，分析为两种运动：

（一）惯性运动，即物体运动开始后其运动的速度与方向均保持不变；

（二）重力运动，即物体以一定的加速度从垂直方向下落的运动。

牛顿把这个形式推广到天体中的复杂运动，成立了他的力学三定律和万有引力说。力学三定律的第一定律说：

每一物体均继续其静止的状况，或在一直线上继续其等速运动，除非是受了外力的作用而改变其状况。

第二定律说：运动的改变与外加的力成正比例，并且在加力的方向上发生。

第三定律说：每一作用都有一个相等的而在反对方向的反作用。

最后，他的万有引力说：宇宙中每一质点皆吸引其他质点，引力的方向为连结此二质点间的直线，其大小与二个质量的相乘积成正比，与二质点间的距离的平方成反比。

牛顿的力学三定律和万有引力说，在原理上是那样的根本与重要，在应用上又是那么的广泛与成功，因此成了一切物理学、天文学、机械工程学的基础。十八世纪以后，机械哲学竟成了一切自然科学界的领导思想，凡是科学上所有的新发明、新现象，都要归总到机械学说来说明；凡是不能用机械原理说明的，都以为是对于物理性质不够了解。

但牛顿的力学定律有一点不够清楚，即说物体在没有外力作用时，常在一直线上继续其不变速度的运动，此处所谓"在一直线上"的意思是什么？在平常生活中它的意思很明白。如一个台球与球桌的边平行动着时，我们可以说它是在一直线上运动。但球桌是停在地球上的，地球则时时刻刻绕着极轴自转并围着太阳公转，这样，在地球以外的人看来，这一个台球运动的路径却是非常繁复的。所以我们说这一个台球在一直线上运动，是仅指对于在球房中人的位置而言。

因此，我们晓得牛顿力学原来含有一个相对原理。那就是说，力学原理在一个惯性系统中有效的，在另一个惯性系统中也是有效的；而且只要这个惯性系统对另一个惯性系统用均一速度运动时，我们用了伽理略变换式可以立刻得到另一个惯性系统中运动的形式。换一句话说，任何物体在一个惯性系统中的未来运动可从它对于这个系统的开始位置及运动速度来决定，不需要知道惯性系统本身的运动。这是牛顿力学成立的原理，它在有限范围内运用起来是有效的。但在处理一切天体的现象时不免发生困难，因为实际上这种严格的惯性系统是没有的。

牛顿力学一方面是非常的成功，一方面是作为最后惯性系统的不存在，使物理学家感觉到论理上的缺憾。同时，自从十八世纪以来，各门科学突飞猛进，特别是光学和电磁学的许多新发明，使物理学家感觉到这些光波和电磁波须有一个在空间传播的媒介。于是创造了"以太"这个神秘的东西来说明光、热、电磁等现象。"以太"是弥漫空间，无所不在的，而且地球在空中运动不曾把"以太"带着走，是从天空中星光的视差而证明了的。因此，我们如果能利用在"以太"海中的光波与地球运行的关系而察出"以太"的存在，那么，"以太"就可以代表空间的绝对性，而牛顿力学的最后症结也就得到解决了。根据这个希望，迈克尔生-莫尔列在1887年施行了他们有名的光学实验。实验的结果却是一个完全的负。于是科学家又碰到了更大的难关，他或者要放弃"以太"这个神秘东西，不然就得承认地球是不动的。固然，自从哥白尼证明了太阳中心说以后，没有人再怀疑地球是环绕太阳的行星，不过也有少数的物理学家，对于"以太"仍旧恋恋不舍，与爱因斯坦同时，后来成了纳粹党员，专门以攻击爱因斯坦为事的德国物理学者菲列普·理纳特，就是一个。

爱因斯坦看到以上种种困难，是因为假定"以太"的存在，然后研究光在"以太"中的运动的关系得来的。假如不问光在"以太"中运动的结果怎样，而只问光和运动作用的结果是怎样，那么，牛顿力学的相对原则也就可用来解释光的现象，而迈克尔生–莫尔列试验的负结果乃当然的事了。这样，解决了"以太"的问题，说明了不但"以太"这个假想的物质不存在，即绝对空间的观念也是不必要的。从空间的相对性推阐到时间的相对，从空间时间的相对性就可得到运动的相对，从运动的相对又可知物质也是相对的。这一系列的推论，都是特殊相对论的结果。但它把物理学上这些基本观念放在一个和古典物理学完全不同的基础上，由此又得到一些异乎寻常的结论，如长度因运动而缩短，物质因运动而增加等等，使平常的人听了不免要瞠目结舌。但它在叙述某些自然现象上，比古典物理学更要精确些。

在这个期间，爱因斯坦还有两个重要的发明：一是质与能的联系公式，即物质当吸收或放射动能而增加或减少质量时，其质与能的联系常可用公式 $E=mc^2$ 来表示。这个公式在原子能发展的研究上是如何重要，已经成了普通常识，此处不必再加说明。一是光的量子说。当二十世纪初年，光的性质还不十分明了，因此，光的现象也不能解释清楚。例如光的由红到紫，从波耳慈曼的统计律说来，它只是与绝对温度成正比例，那就是说，它是和气体分子运动的平均动能成正比例的。但从实验的结果说，频率高的紫光总要比频率低的红光放出得少些，无论温度是如何增高。要解释这个现象，蒲兰克在1900年提出了量子的理论，说原子放出或吸收的能量不能为任何数值，它必定是一个常数的倍数。蒲兰克这个量子说，只是拿来解释热或光的吸收或发射现象，爱因斯坦则把量子理论应用到光的一切性质，说光的本身就是由一定量的能量构成。他创立了"光子"的名词。用了这个观念，不但许多光的现象容易解释，而且使光与原子构造发生密切关系，成了后来光电学的基础，而物理学上光和电磁学的根本观念也非修改不可了。他在1922年获得诺贝尔科学奖金就是这一个发明。

特殊相对论在物理学上冲破了近代科学思想的藩篱，是一个破天荒的大创造。它发表之后，物理学界不能不惊异爱因斯坦的发明天才。1909年苏黎世大学请他去任额外物理学教授。 1910年布拉格大学的理论物理学教授出缺，他又被推为候选人之一。布拉格大学是德国古老大学之一，在当时属于奥地利行政系统。当时奥地利的教育部长蓝姆巴曾问蒲兰克对于爱因斯坦的意见，蒲兰克回答说："如果爱因斯坦的理论被证明是正确的——这个我想没有问题——爱因斯坦将被认为二十世纪的哥白尼。"蒲兰克是德国理论物理学的权威，他对爱因斯坦的称誉，可见当时的科学界对于爱因斯坦是何等的重视了。

1912年爱因斯坦回到苏黎世，即在他毕业的高等工业学校担任教职。就在这时，他发展了特殊相对论使它包括万有引力，成为普遍相对论。大概说来，普遍相对论是以加速运动来代替重力作用，而加速运动又可解释为四维空间的曲度。爱因斯坦说，在重力场中的空间的几何性，不同于其他不在重力场中的空间的几何性。换一句话说，即物质在空间可制造一种曲度，使在此空间的物质都依了此空间形式而运动。光也是物质的一种，故光在有大量物质的附近通过，可能发生屈折的现象。这个新理论推算的结果，经1919年日全食时所摄经过日球附近星光的照象而得到证明。这是爱因斯坦的完全胜利，从此没有人再怀疑相对论的科学价值了。

爱因斯坦于1912年重到苏黎世的时候，已经是世界仰望的大物理学家了。苏黎世这样一个小地方，当然不能长久留住他。1913年他被任为德皇威廉研究所的研究教授，同时并做了普鲁士科学研究院院士。在当时这是一个德国学者所能得到的最高荣誉，但爱因斯坦并不因此改变他反对德国武力主义的主张。1914年第一次世界大战开始时，德国的权威学者九十二人发表了一个联合声明，替德国的文化作辩护，爱因斯坦拒绝在这个声明上签名。在当时这也是一个震惊世界的事件。

在战争期间，尽管心理状况的紧张，爱因斯坦仍不断地发展他的普遍相对论，使它在逻辑上成为更完美，在数学上成为更精密的系统。例如在1912年，他根据自己重力的理论，但用了牛顿力学定律来计算光线经过日球附近的屈折率为0.87秒，但根据他的空间曲度新理论计算则为1.75秒，恰为前数的两倍，是和实测相切合的（实际观测所得数值为1.64秒）。

普遍相对论拿空间的曲度来代替了重力作用，空间的曲度则是因物质的存在而发生，同时又作用于其他的物质。这个情形在电磁力场也一样存在，因带电的质点发生电磁力场，这个力场又作用于其他带电质点。最后原子内核子与电子的关系也有同样情形。爱因斯坦因此想发见一个统一场论，它将是普遍相对论的扩大，使它包括一切电磁现象，并对于光的量子理论得一个更满意的表示。这样一个括罗宏富的企图，如果可能的话，将不止于四维空间的曲度而更有其他特殊的因子加入考虑。这个艰巨的工作，据云在爱因斯坦五十岁生日的一年（1929）已完成了一部分。但令当时人士失望的是：当他在普鲁士科学院的会报上发表出来时，不过寥寥的几页，而且大部分是算术符号，不是平常人所能了解的。

爱因斯坦是德籍犹太人，他对于犹太人的到处受到迫害和他们的复国运动有深厚的同情。同时他也是热烈的和平主义者，对于德国的武力主义从小即抱着深切的厌恶。因此，在第一次世界大战结束后，他在柏林成为排斥犹太人和抱复仇主义者攻击的目标。1922年，他为犹太人办的耶路撒冷大学筹款到美国，受到盛大欢迎。同时也到过东方，在日本住了相当长的时间，在上海则匆匆一过而已。1931年，他以访问教授的名义再到美国加州工科大学讲学，并参加了大天文台的建设计划，因为他确信战后的美国是与世界和平有重大关系的。这些行动，为后来希特勒对他的压迫伏下引线，也使他最后移居到美国，在普林斯顿的高级学术研究所继续他的研究工作成为可能。

爱因斯坦从1933年迁到美国普林斯顿居住，一直到1955年逝世为止，其间经过第二次世界大战。他和这次大战发生的重大关系，是因为他的一封信，促成了原子弹的出现。原来在原子结构的研究过程中，原子核内中子的存在，以及中子击破原子核机遇的增进，铀原子被高速质子的冲击而分裂成为原子重约略相等的两种不同元素，同时放出大量的能，等等事实，都已陆续发明，成为物理学界共有的知识了。现在只要使中子击破铀原子的作用成为链式，在瞬间进行，那么一个能量极巨的爆炸武器即成为可能。这种武器若是落在纳粹德国的手里，将成世界文化的大灾难。因此，由欧洲逃难来美的两个物理学家——匈牙利的里奥·史拉德和意大利的费米——去见爱因斯坦，要他把这个重要事件提出，请美国当局注意。爱因斯坦于是在1939年8月2日写了一封信给美国的罗斯福总统，请他注意这件事，并组织研究原子能应用的机构。结果在1945年出现了人类历史上第一颗原子弹在日本广岛爆炸的事实。

原子能在破灭武器上的应用，将为人类带来无穷无比的灾难和恐惧，爱因斯坦和许多权威物理学家深深感到他们对于世界和平及人类前途责任的重大。他曾不惮烦劳地发表公开言论，呼吁各大国牺牲一部分主权，成立世界政府来管理原子武器，使它不能成为人类的威胁。他说，"一切共同管理，必须先有国际协定来执行视察和监督的任务。这种协定又须先有彼此间极高度的信任。假如有了这种信任，战争危险即可消灭，不管有原子弹或无原子弹。"不用说，他的这个希望，到现在为止还是未能实现的空想，而他也终于赍志以殁了。

爱因斯坦死后，世界各国的言论界、学术界同声一致地写文章悼念这个不世出的哲人。最近看见美国物理学会出版的"现代物理学评论"季刊1956年1月号登载奥勃海麦的一篇短文，对于爱因斯坦的生平学术贡献有清楚确切的评价。现在我把它译出附载于后，以作本文的补充。奥勃海麦是美国理论物理学的权威，曾负责监造第一颗原子弹，对于爱因斯坦学术思想的了解，在同时的物理学家中是无出其右的。以下是奥勃海麦的话：

1955年4月阿尔培特·爱因斯坦的逝世，物理学家失去了他们最大的同行伙伴。在20世纪最初二十年的黄金时代中，物理学史是与爱因斯坦的发明史分不开的。

爱因斯坦开始工作的遗产，是十九世纪的统计力学和电磁理论的发展。在他成熟工作的第一年，他的关于布朗运动的论文，扩大了并明确了统计理论，并导致到变动现象的洞察，在对于量子论的贡献上有极大关系。他的第二篇论文，把光的量子假说十分近似地做成了定律，使我们对于原子范围内物质进程的了解，有了不可返回的改变。第三篇论文就是他的特殊相对论。在这篇论文里虽然也包含了许多洛伦慈和班嘉理等同时独立发表的结果，但只有爱因斯坦看到在原则上光的有限速度在决定我们观察的性质、同时的定义、和空间时间的间隔上所任的职务；从这些又引到更深的逻辑上不可避免的现象，后来靠了实验才成立的：即运动着的钟表要走得慢些。

在此后的十年内，爱因斯坦总是抓着惯性、物质、加速度、重力等问题，从不放手。第一，他发见了物质与能量是同一的东西；这个发见，在二十五年后才被详细证明，并且替在第二次大战中及以后的人类历史的决定性发展打下基础。他开始了解惯性与重力场中的物质恰恰相等的意义，从这里他看出重力的几何学理论基础。他留意保存逻辑上必要的物理算式的一般共变性，直到这些努力归宿到普遍相对论及力场方程式的发明。他差不多同时指出了在目下观察技术可能的情形下的三种实验，来比较他的理论包含的稀奇结论。在此后四十年中，这些是重要的，唯一的实验与普遍相对论的关系，只除了一个例外。这个例外在宇宙学范围内，在这里，爱因斯坦自己是第一个看出了普遍相对论开出了完全新的路径，普遍相对论比其他物理学上的大进展不同，它完全是一个人的工作。没有他，也许会隐藏在很长的时间中不能发见。

在这个时期内爱因斯坦一直和快速进展的原子现象的量子理论保持着亲密关系。他回复到应用统计的论点和变动现象的逻辑意义来发见光线的发射与吸收的定律，并成立了布罗格里的波动与罗斯叙述光量子的统计律的关系。这个时期，随了1925年量子力学的发见，特别是波耳逐渐把它形成了一定形式，爱因斯坦的任务也改变了。他感觉到他自己从头就是被新力学的统计的与因果的性质所激动和不满意的一人，而这个力学的发见他是有绝大贡献的。

在长时期的尖锐的讨论和分析中，特别是和埃令费斯特和波耳的讨论，他不只一次表示这个新力学虽然有很多地方和实验结果符合，仍包含着逻辑上的错误和不一致。但在分析之后，许多例子都表现它和量子理论的协调与一致，他终于接受了它，不过常常保留他的不变信心，说这个不能成为原子世界的最终形容，而最后的叙述必须要把因果的和统计的项目除去。

这样，在他的一生最后十年中，他没有完全分预他的多数同行的信息和兴趣。相反地，用了他的与日俱增的单独思想，专心一意去发见于他是物质原子性的基本的并且是满意的叙述。这也就是统一场的课题。此处他打算把没有物质的普遍相对论力场的算式普遍化，使它也能够叙述电磁现象。他想要找出一些算式，它的解决要合于物质与电荷的区域性集合，而其性行又同于量子论所正确叙明的原子世界。他努力工作一直到死时为止。这个课题没有引起许多物理学家的希望与活泼的兴趣；但他对于他们工作的知识与他的判断，始终是坚定与明敏的。他从来不曾为因果的从新解释原子物理的任何建议所欺骗。

倘若天气够好，他常从工作地点走回家。不久以前有一天他告诉我说："只要有一天你得了一个合理的事去做的时候，从此你的工作与生活都有一点特别奇美"。的确，他真做了一些合理的事情。他在我们当中使我不至于陷入愚昧的苦境，而凡认识他的人无有不被他的大度所感动的。

1956年

导读 本文是任鸿隽为李约瑟的著作《中国的科学与文明》所撰写的书评文章，发表在第三十三卷第一期《科学》杂志上。

中国的科学与文明

这是英国剑桥大学生物化学教授李约瑟博士研究我国科学史的一部大著作。这部书包罗宏富，出齐时共有七巨册。第一册：全书序论；第二册：科学思想史；第三册：算学、天文学及地学；第四册：物理学、工程与技术；第五册：化学及工业化学；第六册：生物学、农学及医学；第七册：社会背景及全书的索引。现在我们要评介的，便是第一、第二两册，是在1954年及1956年出版的。

首先我们要说明的，李约瑟教授著书的目的，据作者在第一册序言所说，第一，因为欧洲人自来讲科学发展史的，仅仅溯源到希腊、罗马，至多溯到巴比伦、埃及、印度等古国，而于亚洲中心的中国则少提及。他的这部书就是要弥补这个缺憾。第二，以前西方的"中国学"者大半偏重于文学的兴趣与训练，因此他们对于科学的了解不够深入。本书作者，以一个有多年研究经验的自然科学家来观察中国古代文明对于科学发明的贡献，他的出发点和其他研究中国文明的东方学者显然不同。他是因为要了解中国科学方去研究中国文明，其他东方学者则以为中国文明根本缺乏科学这一个因素——不幸得很，我们本国的学者抱了这个见解的也有其人——所以也不留心中国文明对于科学贡献的问题。我想，这是他这部书名，把"科学"放在"文明"之前的理由，也可见作者注意所在了。

　　说到本书作者研究中国文明的方法，还有一点值得注意，那便是他主张学习中国文字，从中国的书籍去找原始材料。他在第一册序言中曾慨叹地说，目前中国学人研究西方学术，至少总懂得西方一二国的语文，而西方的中国学者研究中国学术就很少有能精通中国文字的。如其一个自然科学者要研习中国的语言文字，人们不但觉得奇怪，而且以为是可非议的。但本书的作者在二十年前即已开始学习中国文字。在抗日战争期间，他被英国政府派来中国主持中英科学文化协作事务，一直到抗战结束，才回返剑桥大学。当在中国的时候，他无时不利用可能的机会去搜集中国的书籍，同各科各派的学者讨论学术上的各种问题。我们不能忘记他在重庆主办中英科学文化协作时与各学术团体的亲密来往，和作者在作学术讲演时最后几分钟中国话的演说。在当时我们只以为这不过一个西方学者对于东方学术的业余爱好，而不知他正是在为一部大著作做必要的准备呀！作者这种积极工作、彻底了解的精神是值得我们赞佩的。

　　以上是关于本书一般的绍介，现在让我们来看看第一和第二两册的内容。

　　第一册是全书的序论，其中包含以下七章：（1）序言，叙述作书的缘起及在中国采访材料的经过；（2）工作计划，略论全书七册的内容与其关联的问题。如言欧洲近代文明的发达，大部分得力于三大发明（即印刷术、火药、磁针）之赐，但历史家柏里（J. B. Bury）在他的《思想的进步》一书中竟不提及这三者为中国的发明。又如上古及中古的中国，有许多发明足为近代科学的基础，但在中国则停滞原始理论之下而未能发展为实验的科学，其故安在？这些是他在第二册以下要提出的问题；但在本章内，他重点说明关于引用中国书籍的方法，和学习中国语文的经验与重要性。这一点我们以下还要加以讨论；（3）关于有关中国科学书籍的讨论；（4）地理的介绍；（5）历史的介绍，统一帝国成立前，即秦以前的历史；（6）由秦到清的历史；（7）中国与欧洲间科学思想及技术交流的情形。以上七章共占了246页，再加引用的中西书籍杂志目录49页，索引19页，本书第一册共计314页。

　　第二册总题是科学思想史，分十一章，章次是从第一册连续下来的。它的次序如下：(8) 序论；(9) 儒家及儒教；(10) 道家及道教；(11) 墨家与名家；(12) 法家；(13) 中国科学的根本思想（包括阴阳家五行及易经学说）；(14) 假科学及怀疑传统（包括星卜占相及王充《论衡》的理论）；(15) 佛教思想；(16) 晋唐道家及宋代理学；(17) 宋明理学家及本土自然主义的最后大人物（包括陆象山、王阳明、王船山、戴东原等）；(18) 中国与西方的人为及自然法则。这第二册的内容，共占了584页，再加上引用中国书籍杂志目录70页，索引42页，中国历朝年代表1页，共计661页。

　　总观两本书的内容，我们可以说每本书都包罗两部分材料：一部分是中国史实的叙述，如第一册第4、第5及第6各章；第二册的第9至14章，及第16、第17各章是。一部分是中国的科学思想及技术与东西各国的关系，如第一册的第7章及第二册的第15、第18等章是。在搜集参考材料中，作者作引据的书籍相当丰富，我们依据他的书目大略计算，他引用的中文古书为180种，近代中日文书刊约80种，西方各国文字著作约1,800余种，这是以前西方人士研究东方文化的著作中所少见的。在运用这样大量的材料中，正如作者在序言中所说，不可能全无错误。我们在第一册中曾发见将秦时入海求仙的徐巿读为徐市，误指前中央研究院总干事丁文江为中央研究院院长等，但这无关宏旨。我们同时也看到在仰韶时代（约公元前2500年），北半球的亚美两洲已有共同文化的痕迹；约在公元前1400年（中国的安阳时代），小亚细亚的Hittites开始用铁，约公元前1000年传入欧洲，公元前600年（我国春秋时代）传入我国，为秦始皇的统一中国创造了有利条件。我们又看到汉武帝的通西域恰与大夏国王（Euthydemus, King of Bactria）的通中国相衔接，因使张骞的使命容易完成（175页）；我国万里长城的筑成（公元前230年至后300年），与欧洲北部日耳曼蛮族的南侵及罗马帝国的灭亡有着间接关系；而在公元552年蚕种输入欧洲以前，拜占庭（Byzantium）帝国的繁荣如何依赖于"运丝路线"的开通（184—185页）。这些和其他许多历史上的重大问题，在李约瑟博士这本书中，都能获得考据精确的说明与答解。所以这部书，不但西方人研究中国文化的不可不读，即中国人要知道本国和西方文化的也不可不读。总而言之，这是近年来研究中国古代文化与科学不可多得的一部巨著，值得向我们学术界推荐。

关于作者处理材料的方法问题，我们觉得也值得提出说明一下。以研究中国文字为例，他自然同其他中国语言学者一样，指出中国文字是一种形意文字（Idiograph），和其他拼音文字不同，但也不能认为是纯粹象形文字。因为中国的文字本来可分为象形、指事、会意、转注、假借、形声六类（依《说文解字》分类），但在《康熙字典》所收49000字中，属于象形及指事、会意、转注、假借的不过百分之五，其余都是属于形声的（所谓形声，就是一字由决定意义的根及表示声音的声拼合而成；如江河二字，水旁是江河二字的根，"工""可"是江河二字的声）。但他在此处指出中国文字的声音太少，是一个根本的困难。他根据韦德及翟理思官话统系（Wade-Giles System）作出一个音韵组合表，发现约58.8%声音现不存在（见第一册37页）。这等于说在49000个字中，只有412个声音可供分配。即使每一字都分为四声（平上去入），音数也只能加到1280个，即平均每一个声音要包含 40个意思。这个情形，说明我们的古书中同声通假字所以特别多，成为了解古人著作的一个障碍，也指出将来要拉丁化中国文字应该注意的要点所在。

本书因包罗宏富，应讨论的问题还甚多，现在仅就第一册所提者为止，第二册以后将待继续讨论。

1957年

导读 本文是任鸿隽对李约瑟所著《中国的科学与文明》第二册所撰写的书评文章，发表在第三十三卷第二期《科学》杂志上。

《中国的科学与文明》第二册
——中国的科学思想

在本刊第一期中，我们曾介绍了李约瑟教授的巨著《中国的科学与文明》，并就第一册的内容，作了简单的评述。第二册的总目是中国科学思想史。它从第8章到12章历叙了儒家、道家、墨家、名家、法家之后，加上"中国科学的基本思想"、"假科学与怀疑传统"、"佛教思想"、"晋唐道家及宋明理学"、"人为法则与自然法则"等章，事实上成了一部中国哲学史。这一本584页包罗宏富的著作，要就每个问题加以详细讨论，在势有所不能。现在只就本书中提到的思想上重要问题略说一二，以作简单的介绍。

在1956年12月1日的英国《自然》周刊上，载有署名D. C. Lau的一篇评论李约瑟教授本书的文章。文章的开始便说：

在这本书中，李约瑟博士主张中国的学术思想，除开某些学派之外，是属于生机论一派的（organic type）。他从这个看法得到的结论是中国的观点是科学的，甚至于在某种思想下，比他们同时的欧洲人还要科学些。

这位作者继续下去写道：

何以是这样，我们不明白。从哲学看来，说一个宇宙观是完全形上学的事而于科学无关，是有充分理由的。即使我们反对这样极端的主张，最多我们也只能说；一个形上学的观点可能对于科学有某些实际的作用。举例来说，有了二十世纪科学发展的必要条件，一个形上学的观点——在此处即与这个发展起共鸣作用的生机论哲学，——可能通过新观点的提出而帮助科学的进展。反面说来，这个同一的形上学观点在不同的关键上提出，就会阻止科学的创造性出现。因为要做到任何自然现象的科学解释，至少在开始阶段必须把一联串的事实认为是孤立的来处理。但从自然的全体论观点说来，这是做不到的，因为每件事物都和其他的每件事物有机体的关联，要说明自然界的某物件时，我们必须与自然界的全体发生关联。李约瑟博士有时似乎也感到这一点。因此，我们对于他认中国的不合于科学发生的宇宙观，比同时欧洲的发生了科学的宇宙观为更科学这一点，感到迷惑。

以上一段话，对于李约瑟教授在书本中自认为独到的见解提出了异议。我们以为这里面包括两个问题：（一）科学与哲学的关系问题；（二）中国思想的科学性问题。现在先谈第二个问题。

李约瑟教授在历述中国各家思想的时候，对于儒家的学术早认为是不适宜于科学发展的。因为儒家的宗旨是要改进人类的社会生活，对于自然现象很少兴趣。因此他说唯理主义的思想，比神秘主义的思想尤不适宜于发展科学，不独在中国为然，也不仅在一时为然（12页）。儒家以外，墨家名家对于自然现象也少注意，法家更不用说，于是他只有往道家去发现科学思想了。据李约瑟书中说，中国道家分两派：一是隐士派，即知识之士，疾首痛心于当时社会的混乱，遁逃到山中去过他的清净无为的生活，如老聃、庄周等人是；一是巫祝派，利用鬼神机祥迷信之说来为人作占卜祈祷等事，如今之巫瞽是。这两派在起源时，本来没有任何相同之处，不知作者何以把他们并为一谈。在齐国稷下先生的驺衍身上，他找到了道家和阴阳家五行学说的综合点。因为驺子之属"深观阴阳消息而作怪迂之变，《终始》、《大圣》之篇……载其机祥度制，推而远之，至天地来生，窈冥不可考而原也。先列中国名山大川，通谷禽兽，水土所殖，物类所珍，因而推之，及海外人之所不能睹。称引天地剖判以来，五德转移，治各有宜，而符应若兹。……"（见《史记》七十四）这样，驺衍一派的学术，不但开创了阴阳五行之说，还能观察自然界的现象，所以李约瑟在他的书中，称他为自然学派（Naturalist），这更给驺衍的学说加上一点科学的色彩。五行之说始见于《书经·洪范》，从来不作为五个原质解（行是行动的意思）。大约其事起源于方士们观察四时更代周而复始，因以每一季节中最显著的现象来代表它的变化，如春属木、夏属火、秋属金、冬属水之类。在这些变化中间，他们看出"相生"、"相胜"的道理，于是推到政治行为上去，以为发号施令的准则，如《吕氏春秋》的《月令》、《十二纪》是。这个学说，到秦汉以后更渗透在儒家的思想中，继续发展，如汉时董仲舒的《春秋繁露》推阐得极其完备，后来不但一个新朝代的替代要用五德递嬗的道理来捧场，就是一切思想行为也要用五行生克的话来解释，如《黄帝内经》《灵枢》《素问》关于人体生理病理的说明，虽然不少经验的事实，但都被五行学说弄的迷离徜恍，令人如堕五里雾中了。这样，我们可以说，五行的观念，一开始就没有五种原质的意思，至多只能说它代表五类现象的关系。从现象去求它的原因，可能导致牛顿-笛卡尔式的科学因果论；从现象去求其关系，甚至只能成为哲学的系统，有时甚至于成为反科学的系统，这便是道家的五行学说了。它不但不能引上科学的道路，而且阻碍了科学的进展二千多年。李约瑟教授虽想拿二十世纪的生机论观点来为之平反，其如不符历史事实何！

离开道家不谈，谈谈儒家的基本思想，我们以为有两点可以注意，一是它的变动世界观。《论语》载孔子有一天在川上发出叹声说："逝者如斯夫，不舍昼夜。"朱熹在他的《集注》中说，"天地之化，往者过，来者续，无一息之停，乃道体之本然，"可见我们儒家先师在短短一句话中含义的深远。这个意思，可以打破一成不变的宇宙观，也可以包含世界进化论。二是阴阳的观念。《易·系辞》说："一阴一阳之谓道。"这个"道"字，历来的学者解说不一。近人熊十力说，儒家用道字为本体之名，又引《大戴礼记》云，"大道者所以变化而凝成万物者也。"我们现在姑且把道字搁开不讲，讲到它的作用，儒家认为有阴与阳的两种力量，并且认为这两种力量是相反相成的。这个意思在董仲舒《春秋繁露》中说得最明白。他说："天道大数，相反之物也，不得俱出，阴阳是也。"五行相生相胜的说法，也许是从阴阳相反相成得来。但作两种力量来说，它的相反相成是符合于科学原理的（参考物理学上的电性原理及化学上的物质组织等发明），作为一群现象（即五行）来说，它的相反相成即是纯粹的唯心理论。李约瑟教授重视道家的思想，而轻视儒家的看法，我们以为值得重新考虑一下。

以上所说的思想问题皆属于哲学一方面，对于科学思想似乎还有相当远的距离。不过我们不要忘记，科学原是从哲学分化出来的。在实验方法未发明以前，无论东方、西方均只有哲学而无科学。现在推原西方科学到上古希腊时代，也不过是说在某些学说含有科学种子而已。拿这个观点来衡量我国古代的思想，譬如淘沙的金，发见若干科学种子自属可能。如何从抽象的哲学观念发展成为具体的科学，则有待于唯物主义的归纳理论方法。李约瑟教授在书中某处曾提出一个问句说：谁能把中国在有了近于科学的思想而未能发展成为近代科学的原因说得出来，将是一个有趣味的贡献。我们现在冒昧地试作一个答案。我们以为中国长期以来缺乏近代科学，其原因在（一）缺乏科学方法。所谓科学方法，不但仅能观察现象，推论结果，而且要经过分析、推理、实验证明等步骤，然后成立结论。道家虽然也观察天然现象，有时也观察物质的变化，如在金丹术中所表现的，但他们没有有系统的方法，自然得不到可靠的结果。（二）急于追求应用。如阴阳五行之说，在原理还未正确成立以前，已被应用来做求仙、占星卜卦、风水等技术，成了书中所说的"假科学"，再要走上科学的道路自然是不可能的。这是我国学术思想史上的教训，似乎值得我们注意。

1957年

导读 "我们以为任何翻译工作，必须对于所翻译的原作有透彻的了解，方能期望表达出来不犯错误。这在翻译哲学书籍是这样，在翻译科学书籍也是这样。从这个角度上看来，可见翻译并非太容易的事体。我们希望更多的绩学家从事此项工作，也希望社会上从各方面多加鼓励。"

谈科学翻译问题
——从严译《天演论》说起

早在前清光绪二十二年（即公历1896年）我国侯官严复译了英国赫胥黎著的Evolution and Ethics一书，名为《天演论》。出版之后，便风行一时，几乎是人手一编，不胫而走海内。"天演"这两个字也成为英文evolution的定译，为我们通用的名词了。虽然后来也有把evolution译为"进化"的（我相信这是日本的译法输入中国的），但"进化"二字含有进而愈上的意思，而evolution只有发展的意思，不含向上的意义，因此，不如"天演"二字来得恰当。严氏曾说他翻译一个含意深远的名词，如物竞、天择、储能、效实等，皆要经过旬月的踌蹰而后决定，于此可见他对于译事的慎重，下笔的不苟，而《天演论》问世以后，在白话文学出世以前，几乎成了翻译界的标准模范，是有由来的。

不过我们如其要问，严氏文章已尽了翻译的能事吗？是又大大不然。严氏在他的译例言中说，"译事三难：信、达、雅。求其信已大难矣，顾信矣不达，虽译犹不译也。"又说，"易曰修辞立诚，子曰辞达而已。又曰言之无文，行而不远。三者乃文章正轨，亦即为译事楷模。故信达而外，求其尔雅。"这可见三者之中，严氏还要力求其雅。"雅"这个字的意义最难于摸捉，幸而严氏在他的例言中曾加以说明。他说："实则精理微言，用汉以前字法句法则为达易，用近世利俗文字则求达难。"这又可见严氏的所谓"雅"乃是用汉以前的字法句法，而"雅"的作用仍不过求达而已。那么，我们要看严氏用了他的古奥尔雅文字是否达到了他的"信"与"达"的要求呢？几年前我因为怀疑严氏《天演论》译文比起西方文字的平实显豁相差太远了，曾把赫胥黎Euo-lution and Ethics原文首章用语体文（即严氏所谓利俗文字）译出来与严氏的译文作一比较，发见能行〔信〕而达的，恐怕不是"尔雅"的古文，而是明白易晓的俗文。谓余不信，我们且把这两篇文字附载于下，以作参证。

严译《天演论》首节

论一　能实

道每下而愈况。虽在至微，尽其性而万物之性尽，穷其理而万物之理穷，在善用吾知而已矣；安用骛远穷高，然后为大乎。今夫筊，两缄以为郭，一房而数子，瞀然不盈菊之物也。然使菽者不违其性，雨足以润之，日足以暄之；则无几何，其力之内蕴者勇施，其质之外附者贪受；始而萌芽，继乃引辽，俄而布蒉，俄而坚敦，时时蜕其旧而为新；人弗之觉也，觉亦弗之异也。睹非常则惊，见所习则以为不足察，此终身由之而不知其道者所以众也。夫以一子之微，忽而有根荄支干花叶果实，非一曙之事也。其积功累勤，与人事之经营裁断异，而实未尝异也。一鄂一柎，极之微尘质点，其形法模式，苟谛而视之，其结构勾联，离娄历鹿，穷精极工矣，又皆有不易之天则，此所谓至赜而不可乱者也。一本之植也，析其体则为分官，合其官则为具体；根干以吸土膏也，支叶以收炭气也，色非虚设也，形不徒然也，翕然通力合作，凡以遂是物之生而已。是天工也，特无为而成，有真宰而不得其朕耳。今者一物之生，其形制之巧密既如彼，其功用之美备又如此，顾天乃若不甚惜焉者，蔚然茂者，浸假而凋矣；荧然晖者，浸假而瘁矣；夷伤黄落，荡然无存，存者仅如他日所收之实，复以函生机于无穷。至哉神乎，其生物不测有若是者！今夫易道周流，耗息迭用，所谓万物一圈者，无往而不遇也。不见小儿抛堶者乎，过空成道，势若垂弓，是名抛物曲线。从其渊而平分之，前半扬而上行，后半陇而下趋，此以象生理之从虚而息，由息乃盈，从盈得消，由消反虚。故天演者，如网如罨；又如江流然，始滥觞于昆仑，出梁益，下荆扬，洋洋浩浩，趋而归海，而兴云致雨，则又反宗。始以易简伏变化之机，命之曰储能：后渐繁殊，极变化之致，命之曰效实。储能也，效实也，合而言之，天演也。此二仪之内，仰观俯察，远取诸物，近取诸身，所莫能外也。希腊理家额拉吉来图有言，世无今也，有过去，有未来，而无现在。譬诸濯足长流，抽足再入，已非前水，是混混者未尝待也。方云一事为今，其今已古。且精而核之，岂仅言之之时已哉，当其涉思，所谓今者固已逝矣。今然后知静者未觉之动也，平者不喧之争也。群力交推，屈申相报，众流汇激，胜负迭乘，广宇悠宙之间，长此摩荡运行而已矣。天有和音，地有成器，显之为气为力，幽之为虑为神，物乌乎凭而有色相，心乌乎主而有觉知，将果有物焉，不可名，不可道，以为是变者根耶？抑各本自然而不相系耶？自麦西希腊以来，民智之开，四千年于兹矣，而此事则长夜漫漫不知何时旦也。

用语体文直译的《天演论》首节

在今天聚会的群众中，必定熟悉一个快乐的童话，名叫"贾克与豆茎"。但我们的青年朋友中，许多是老成庄重，在严肃的知识食粮中长成，或者除了经过初步的比较神话学外无由与仙人境界接近，我把这个童话的轮廓重述一下，也许有必要。这是一个豆苗的传说，说这豆苗一直向上长，长到天上，然后在那里分披开来，成一个极大的绿叶伞盖。我们的英雄攀登到豆茎，发见这绿叶的张盖支持了一个与下界组织相似，同时又特别新奇的世界。他冒险到此，必定完全改变了他对于事物性质的看法，虽然这故事既不是由、亦不是为哲学家写出，对于他的看法并未说到。

我目下要做的事，正与这个勇敢的探险家有一些类似的地方。我请你靠了豆子的帮助，陪伴我到一个在有些人看来是奇怪的世界。你们知道，豆子是一个单简、呆板的东西。但若种植在适当情况之下，最重要的是有充足的热，它会表现极可惊奇的活动力量。一个小的绿芽出现了，它伸出土面，很快地长大起来，同时经过一串的变化，这些变化只因日常习见，未能如所说的引起我们更多的惊异。

在不知不觉中，这植物渐次发展成根、茎、叶、花、果实的多而各异的纤维质，每一组织皆照了一种极繁复同时又极精细有定的模型，从内从外建造起来。在这些繁复组织的每一个与其极细微的成分中，有一种内含的能量，不断朝着自然界的经济目的，为善尽其职与维持全体而工作，同时又与其周围物体中的能量相调协。但这样精心结构的建造，一经完成，毁坏即随之而至。渐渐地这植物枯萎了，消灭不见了，留下来的只是或多或少、看来是单简呆板的东西，恰与原来的豆子一样，但也与原来的豆子一样，含蓄着发生同样周复现象的隐能。

这种往而复返的过程，随处可见，不须诗意的或科学的想象始能得其类例。如抛石下落与箭行弹道，即是此类。或者我们可以说，生命能力的途径，始则向上，继而向下。或为达到"发展"或"天演"的观念，我们可以把种子伸张而成植物，取譬于一把扇子的张开，或如溪流的延续与扩大，更觉适当。此处亦与他处相同，名并非重要，重要的乃是对于名所代表的事实，有一个清楚正确的观念。此处的事实，即继续不已的过程，在此过程中，生长的植物由比较简单而富潜能的种子，发展为高级分工官能的出现，由此复返于单简与潜能的状态。

把握此种过程，而心知其意，极为重要，因凡在豆子是如此的，在其他生物也是如此。从最低的以至最高的——在动物界与在植物界一样——生命过程，表现同样的周期演进的形象。不但此也，只要我们放眼一观世界四方周围，何处不是周期的变化？我们看见水流入海，仍返泉源；星辰盈亏，周而复始；人生由少而老，铁律不移；国家朝代由创造而极盛，复由极盛而衰落，历史中最重要的问题，无一不是此种过程的表现。

在急流中徒涉，无人能两次插足于同一水中；同样，在此感触世界中，无人能指示任何事物为确定。当他说话时，甚至当他思想时，他的指示动词已不适用；现在的时间已成过去；"正在"已成"曾经"了。我们对于事物的性质知道的愈多，愈觉得所谓静的只是未觉到的动；象是和平的，不过是无声而勇猛的战争。在每一部分，每一瞬间，世界的形态乃互争的力量暂时调协的表现；一个争斗的场面，参加的无不颠仆。凡在一部分是真的，在全体也是真。自然科学的知识愈进步，愈引导我们到一个结论，即上天下地一切现象，都不过是宇内质点在天演路上暂时的形式，从星云的潜势，经过无穷太阳、行星、卫星的生长；经过一切物质的变态；经过无限生命思想的纷纭；最后或者经过一种存在的法式，我们对之，当无任何观念，或竟不能成立任何观念；经过这些之后，复返回它所从来的不确定的潜势。这样，宇宙最明显的特性，即是它的不常住。它所显示的不是永恒的整体，而是变动的过程，在这过程中间，除了能量的流动与其弥满的合理秩序外，没有什么是永久的。

把这两篇文字比较一下，我们立刻发见严译与原文不同的所在，至少有以下几点：（一）原文所无由严译加入的。如开首"道每下而愈况……然后为大乎"几句，如"睹非常则惊……所以众也"几句，又如最后"自麦西希腊以来……不知何时旦也"几句皆是。（二）原文所有，但严译故意弄成迷离恍惚不可摸捉的，如原文"上天下地一切现象都不过是宇内质点在天演路上暂时的形式……"一段，是说宇宙质点在天演中的过程，有（1）太阳行星的生成，（2）星球上物质的变态，（3）生命的演变与思想的纷纭，（4）最后或出现一种现时所不能想象的法式，以及（5）复返于原来不确定的潜势。这些是赫胥黎所认为物质在宇宙内演变的程序，并非随意呼召若干观念来杂凑成文的。我们再看严氏这一段译文：

> 天有和音，地有成器，显之为气为力，幽之为虑为神。物乌乎凭而有色相？心乌乎主而有知觉？将果有物焉，不可名，不可道，以为是变者根耶？抑各本自然而不相系耶？

文字固然雍容大雅，音调铿锵，但对于说明天演经过的程序是不相干的。（三）是严氏对于天演意义的误会，如在说天演如江流然之下，随即加上这样几句："始以易简伏变化之机，命之曰储能；后渐繁殊极变化之致，命之曰效实；储能也，效实也，合而言之，天演也。"拿这几句话来说明天演，实在仍脱不了天演便是进化的意义。但是我们知道赫胥黎的原意，只是说明天演是物质在宇宙内演变的过程，包括由简到繁，复由繁而简在内，所以必须用人力以战胜天行。严氏储能效实，由简到繁之说，大致从斯宾塞的哲学得来，只代表天演的一部分，现在搬来作为赫胥黎的言论，恐不合于信与达的标准吧！

当然，我们不能忘记严氏的《天演论》译成于光绪丙申年，即公历1896年（据严氏自序）。此时我国的科学，有的极端幼稚，有的尚未萌芽，要从科学上去了解天演论还是不可能的。同时一般文人学子，还沉湎在制艺帖括或八家古文之中，所谓西方文体及白话文学都是一般人士所梦想不到的，即或出现，也不是一般文人所能接受的。所以严氏用了汉以前的字法句法来翻译西书，可以说是为时代所限，不得已的。我们要指出的，乃是严氏所定的信达雅标准，在雅的方面经过极大努力之后，结果在信达方面也未能做到，这不够表示他所指示的道路仍有错误吗？目下时移势异，风气已变，我们翻译科学书籍的标准是些什么呢？不揣固陋，想提出几点来与同人商榷。

首先在现今的进步时代里，"雅"的一个标准早就应该抛弃，不用说了。

这样做，不但可把科学与文学的界线划得更为清清楚楚，他将有助于信达两方面的成就。

其次，说到"信"，这当然是译书的一个基本的起码的要求。这个要求，在严氏看来是不成问题的了。然而在他的译文中就犯了许多"不信"的毛病，如我们上面所指出的，可见要满足"信"的一个标准也不是容易的。目下一般译者的作风是照着原文的安排，一字一句丝毫不动地写了下来。这样做，"信"似乎不成问题了，但在"达"的方面又常常成为问题。这当然不是我们所要求的。我们以为"信"当兼字句与意思两方面而言。如不得已而不能兼顾，则宁可牺牲字面上的"信"，而不可失掉意思上的"信"。这就是说，如以为一字一句照原文写下来便尽了"信"的责任，是一种错误的见解。

再次说到"达"。严氏在他的例言中曾说"信矣不达，虽译犹不译也"，可见"达"在译文中的重要。我们推究不"达"的毛病，大概不出以下几个原因：（一）对于原文的意义缺乏了解；（二）对于使用的文字缺乏指挥如意的能力；（三）对于翻译工作缺乏严肃的责任感，草率从事。我们以为任何翻译工作，必须对于所翻译的原作有透彻的了解，方能期望表达出来不犯错误。这在翻译哲学书籍是这样，在翻译科学书籍也是这样。从这个角度上看来，可见翻译并非太容易的事体。我们希望更多的绩学家从事此项工作，也希望社会上从各方面多加鼓励。

1959年

导读 中国科学社，原名科学社，成立于1915年，由当时在美国留学的赵元任、杨杏佛等人发起成立的，任鸿隽为社长。中国科学社是中国第一个综合性的自然科学学术社团，自成立之日起就一直致力于科学在中国的传播和普及，促成近代中国科学的产生、发展与兴盛，为中国现代科学事业的发展做出了巨大的贡献，在中国科学发展史上具有重要的地位。

中国科学社社史简述

前　言

中国科学社是以发展科学为唯一职志的学术团体。它成立于一九一五年，距今整整四十五年了。我们看到今日的科学事业，在中国共产党和毛主席的英明领导下，正以史无前例的速度，蓬蓬勃勃向各方面发展的情形，很难想象四十五年前的科学是个什么样子。回想四十五年前，距辛亥革命推翻几千年的君主专制政体不过四年，脱离桎梏人心几百年的八股文科举制度不过十几年。此时国内的政治形势，正是袁世凯的帝制运动闹得乌烟瘴气的时候，学术界除了少数学者留恋于古代文学之外，一般人则不免迷离惝恍，无所适从。在西学方面，学科学的人寥寥可数，懂得科学思想的更是绝无仅有。据我们所知，此时可称为研究科学的机关只有一个地质调查所；可称为专门学术团体的只有詹天佑等组成的中国工程师学会。在国民党反动政府统治下，虽成立了几个研究机关，但政府对于科学事业仍是漠不关心，听其长期存在于不死不活的状态中，以致无发展的可能。这些拿来和解放以后科学事业的突飞猛进，科学组织的大力发展，科学研究机关由几十个而增加到几百个、几千个；科学研究人员，在每一研究所里由几十个而增加到几百个、几千个，是不可同日而语的。这也可见解放后科学事业的迅速发展，只有在中国共产党领导下社会主义的社会里才有可能，在几十年前反动政府统治下是根本不可想象的。

以上是就中国国内的情形而言。就国外的形势来说，一九一五年是第一次世界大战爆发的第二年。当时欧洲的工业生产、交通运输、军事设备，都有极大的发展。一旦战事爆发，世界上的头等强国，都把他们多年积蓄的力量拿出来做你死我活的斗争，这在二十世纪初年是一个震荡人心的大事件。在国外留学的中国学子，不能不怵目惊心，想做一点什么，对祖国有些微的贡献。他们看到当时欧、美各国实力的强大，都是应用科学发明的结果，而且科学思想的重要性，在西方国家的学术、思想、行为方面，都起着指导性的作用。在现今世界里，假如没有科学，几乎无以立国。因此，他们想把科学这个东西介绍到中国来，并且设法使它开花结果。这便是当时几个学子发起中国科学社的目的。

提倡科学，发展科学，本来是政府应尽的责任。可是在反动而又愚昧的政府统治下，对于人民的利益照例是漠不关心的，对于学术思想这种看来是不关重要的事情，尤其难望得到重视。因此，这个发展科学的任务，便落到少数学子及社会人士的肩膀上了。犹幸中国科学社自从成立以来，一贯得到各界开明人士的支持，使这个社能够维持到四十五年之久，社中要办的事业也大部分次第见诸实行。我们回溯既往，认为社会上这种赞助科学的热情，是应该重视的一点。其次，是中国科学社组织成立后，因为它的社员人数的众多，社中所办各项事业的发展，渐渐形成了一种推进学术的风气，于是各种科学的专门学会，也次第地成立起来。据我们记忆所及，继科学社而起的是中国工程学会，后来与老的中国工程师学会合并；次则为中国化学会、化学工程学会、物理学会、生物学会、植物学会、动物学会等等。推本溯源，不能不说中国科学社的成立，起了一点开风气的作用。这在我们回顾中国学术发展的历史上，也是不能忘记的一点。

以上是就中国科学社成立时的环境、社会反应以及其可能见到的影响的概述。关于中国科学社本身的重要事迹，我们将在以下各节中加以叙述，作为中国科学社社史的一个简报。倘有疏漏及错误之处，还望阅者不吝指正为幸。

一、发起的经过

中国科学社成立于一九一五年。事实上，一九一四年的夏天，当欧洲大战正要爆发的时候，在美国康乃耳大学留学的几个中国学生某日晚餐后聚集在大同俱乐部廊檐上闲谈，谈到世界形势正在风云变色，我们在国外的同学们能够做一点什么来为祖国效力呢？于是有人提出，中国所缺乏的莫过于科学，我们为什么不能刊行一种杂志来向中国介绍科学呢？这个提议立刻得到谈话诸人的赞同，他们就草拟一个"缘起"，募集资金，来做发行《科学》月刊的准备。在这个"缘起"中有以下的几句话，可以引叙一下：

> 今试执途人而问以欧、美各邦声名文物之盛何由致乎？答者不待再思，必曰此食科学之赐也。……同人等负笈此邦，于今世所谓科学者庶几日知所亡，不敢自谓有获。顾尝退而自思，吾人所朝夕诵习以为庸常而无奇者，有为吾国学子所未尝习见者乎？其科学发明之效用于寻常事物而影响于国计民生者，有为吾父老昆季所欲闻知者乎？……诚不知其力之不副，则相约为科学杂志之作，月刊一册以饷国人。专以阐发科学精义及其效用为主，而一切政治玄谈之作勿得阑入焉。……

因为要发行科学杂志，他们才组织科学社。必须说明，此时的科学社并无正式组织，或者可以说它暂时取一种公司形式，入社的须交股金五元，作为刊行《科学》资本。自从这个社发起后，入社的甚形踊跃，不到几个月，社员已到了七十余人，股金集到五百余元，同时杂志的稿件也凑足到足印三期的数目。这样，这个杂志便于一九一五年一月在神州大陆与国人见面了。

从上面所述，可见《科学》月刊的发起实为科学社的前身。因此，《科学》月刊的发起人实际上正就是科学社的发起人。在《科学月刊缘起》上签名的人如下：

> 胡　达（后改名胡明复）　赵元任　周　仁　秉　志
> 章元善　过探先　金邦正　杨　铨　任鸿隽

《科学》杂志发行后不久，社中同人便感觉到要谋中国科学的发达，单单发行一种杂志是不够的。因此有改组学会的建议。一九一五年春间，董事会拿这个建议征求社员的意见，得到多数赞同。遂指定胡明复、邹秉文、任鸿隽三人草拟社章。他们三人经过许多次商讨，拟订了一个十一章六十条的社章。是年十月九日把社章草案交全体社员讨论，于十月二十五日表决通过。中国科学社遂正式成立。同时举出任鸿隽（社长）、赵元任（书记）、胡明复（会计）、秉志、周仁五人为第一届董事会董事，杨铨为编辑部部长。（后来科学社迁回中国，这个董事会改组为理事会，而另组一董事会），并定每年十月二十五日为本社成立纪念日。

二、中国科学社的组织

中国科学社作为一个私人组织的学术团体，开始组织时，是以英国的皇家学会为楷模的。即：除介绍科学之外，它注重实行科学研究，并为民众公益事业服务。社章第二条规定本社的宗旨是："联络同志，研究学术，以共图中国科学之发达"。它的重要组织，可就（甲）社员，（乙）社务，（丙）办事机构三项来说明。

（甲）社员　社员分六类：（一）普通社员。凡研究科学或从事科学事业，赞同本社宗旨，得社员二人之介绍，经理事会之选决者，为本社普通社员。（二）永久社员。本社社员一次或三年内分期纳费一百元者，为永久社员。（三）特社员。本社社员有科学上特殊成绩，经年会过半数之选决者，为特社员。（四）仲社员。凡在中学五年以上之学生，意欲将来从事科学，得……，经理事会之选决者，为仲社员。（五）赞助社员。凡捐助本社经费在五百元以上或于他方面赞助本社，经年会过半数之选决者，为本社赞助社员。（六）名誉社员。凡在科学学术事业著有特殊成绩，经年会过半数之选决者为本社名誉社员。

以上六类社员中，普通社员为本社的基本组织成员，吸收普通社员极为慎重。从一九一四年的35人到一九四九年的3776人，绝大多数都是国内从事科学工作与工程技术有成绩的人才。此外特社员十余人，包括蔡元培、马君武、张轶欧、周美权、葛利普等。赞助社员二十余人，包括徐世昌、黎元洪、熊克武、傅增湘、范源濂、袁希涛、王搏沙等。名誉社员二人，为南通张謇及美国爱迪生，这是因为他们办实业与发明科学有成绩而被选举的。

本社社员的历年增加情形，按每五年统计，有如下表：

一九一四年	35人	一九一九年	435人
一九二四年	648人	一九二九年	981人
一九三四年	1500人	一九三九年	1714人
一九四四年	2354人	一九四九年	3776人

（乙）社务　本社拟办的事业，在一九一五年通过的社章中有下列九项：（一）发行杂志，传播科学，提倡研究。（二）著译科学书籍。（三）编订科学名词，以期划一而便学者。（四）设立图书馆以供学者参考。（五）设立各科学

研究所，施行实验，以求学术、工业及公益事业之进步。（六）设立博物馆，搜集学术上、工业上、历史上以及自然界各种标本陈列之，以供展览及参考。（七）举行学术讲演，以普及科学知识。（八）组织科学旅行团，为实地之科学调查研究。（九）受公私机关之委托，研究及解决科学上一切问题。

这样一个包孕宏富的计划，在科学社成立后若干时期中，均或多或少地逐渐实现了。关于各种事业的详细情形，将在以下的"事业"项目下加以叙述，兹不多赘。

（丙）办事机构

（一）董事会与理事会　科学社初成立时，仅设了一个董事会为办事机构。一九一八年社自国外移归国内，为了发动社会上各方面的力量以共图科学之发达，乃于一九二二年修改社章，将原有董事会改为理事会，另设一董事会以主持本社政策方针并进行募集与保管基金工作。修改社章是一九二二年在南通开第七次年会时通过，并举出第一任董事九人，为：张謇、马良、蔡元培、汪兆铭、熊希龄、梁启超、严脩、范源濂、胡敦复。同时举出第一任理事十一人，为：竺可桢、胡明复、王琎、任鸿隽、丁文江、秦汾、杨铨、赵元任、孙洪芬、秉志、胡刚复。

（二）分社与社友会　为便利社员的联络及办理学术活动计，本社在社章中规定成立分社与社友会。凡一地社员在四十人以上的得设立分社，在二十人以上的得设立社友会。事实上，至一九三一年止，成立分社的只有美国一处。成立社友会的则有上海、北京、南京、广州、梧州、杭州、苏州、重庆、沈阳、青岛等十余处。

（三）分股　为了许多学习专门学术的社员讨论学术及处理事务便利计，有把他们按照学科分门组织的必要。因此，在社章中规定了分股的办法，使每一社员均属于一个专门学股。据一九一九年第四次年会报告所载当时分股的科目及人数，大约如下：农林四四、生物十七、化学三六、化工三七、土木工程六五、机械工程六九、电工六十，矿冶七九、医药三二、理算四二、生计四

八、不分股的七五人。计共十二股，股员六〇四人。

有了分股的办法，不用说在处理学术事务上，如征集论文、审查名词等，都相当便利。后来各科学专门学会的成立，说是由这个分股办法开其端，也无不可。

三、社所

一个学会的发展，固然须依靠社员的热心与努力，同时也需要物质的条件。所谓物质条件，主要是社所与经费。中国科学社在海外成立，三年后乃迁返中国。返国之初，先在上海大同学院，后在南京东南大学，借了一间房屋成立一个办事处，这当然不是久远之计。一九一九年由南京社员王伯秋等创议和社会上有力人士的赞助，向北洋政府的财政部请求，拨给南京成贤街文德里官房一所为本社社所。此事经过六年岁月方告确定。不过在未确定之前，已允许先为借用。这样，本社算有一个固定的社所了。

这座成为本社社所的房屋，原有南北两栋西式楼房。本社领得之后，即把南面一栋定为设立研究所博物馆之用；北面一栋定为设立图书馆、编辑部、办事处之用。这便是本社各种事业的发轫。当这个社所成立时，本社同人十分兴奋。记得一九二〇年，本社在南京社所开第五次年会，并以庆祝图书馆及社所的成立，本人在致开会词中曾有以下几句话：

> 现在观察一国文明程度的高低，不是拿广土众民、坚甲利兵作标准，而是用人民知识的高明，社会组织的完备和一般生活的进化来做衡量标准的。现代科学的发达与应用，已经将人类的生活、思想、行为、愿望，开了一个新局面。一国之内，若无科学研究，可算是知识不完全；若无科学的组织，可算是社会组织不完全。有了这两种不完全的现象，那么，社会生活的情形就可想而知了。科学社的组织，是要就这两方面弥补缺陷。所以今天在本社社所内开第五次年会，并纪念社所及图书馆的成立，是一件

极可庆幸的事。……

随着科学事业的发展，南京社所的房屋又感到不敷应用与不便，于是在一九二八年决定在上海陕西南路购入房地三亩余作为总社所，并在一九三○年建筑图书馆，同时在南京成贤街旧址建筑生物研究所实验室，作为生物研究所的永久基址。

四、经费

本社经费的筹划，向来分为两类：一为经常费用，一为永久基金。经常费用的来源有以下几项：（甲）社费，即社员入社时缴纳的入社费（十元）及常年费（五元）。（乙）捐款，社员及赞助本社之个人和团体捐款。（丙）事业的收入，如各项刊物的售价及某些业务的盈余。（丁）基金的收入。

以上各项，甲项在本社初开办时为经费的重要来源，据一九一九年会计报告，约占全年收入四分之一。乙项有社员特别捐三四三元及北京大学补助费，每月二百元，使处境艰难的《科学》杂志得以继续出版。但最主要的，是一九二三年以后，由江苏省国库项下每月拨给二千元，为维持及发展本社科学事业费用。此项补助费，是由科学社董事出名，向当时的教育、财政两部及江苏省督军、省长提出请求呈文，经过阁议批准，方由江苏省照发的。到一九三一年"九一八"事变发生，江苏省财政困难，即于一九三五年停发。

五、基金

中国科学社为维持事业的久远计，一开始便注意永久基金的募集。在社章中规定基金的募集有二种：一为永久社员交纳的社费，一为向社外募集的捐款。永久社员人数不多，社费的累积为数不大。基金的绝大部分仍须依靠社外的捐款。一九一八年本社办事处迁回国内，即发起一个五万元基金募集运动。这个运动首先得到当时教育学术界领袖人物的支持。兹将一九一八年蔡元培先生手写的《为科学社征集基金启》及范源濂先生写的《为中国科学社敬告热心公益诸君》两文附录于下：

科学社征集基金启

当此科学万能时代，而吾国仅仅有此科学社，吾国之耻也；仅仅此一科学社而如何维持如何发展尚未敢必，尤吾国之耻也。夫科学社之维持与发展，不外乎精神与物质两方面之需要。精神方面所需者为科学家之脑，社员百余人差足以供应之矣；物质方面所需要者为种种关系科学之设备，则尚非社员之力所能给，而有待于政府若社会之协助，此征集基金之举所由来也。吾闻欧、美政府若社会之有力者，恒不吝投巨万赀金以供研究科学各机关之需要。今以吾国唯一之科学社，而所希望之基金又仅仅此数，吾意吾国政府若社会之有力者，必能奋然出倍蓰于社员所希望之数以湔雪吾国人漠视科学之耻也。爰题数语以为左券。

中华民国七年十二月卅一日蔡元培

为中国科学社敬告热心公益诸君

今之世界，一科学世界也。交通以科学启之，实业以科学兴之，战争攻守工具以科学成之。故科学不发达者，其国必贫且弱；反之，欲救其国之贫弱者，必于科学是赖；此证以当今各国实事，无或爽者。吾国迩年以来，渐知科学之重要。顾言者虽多，其能竭智尽虑以振起科学为唯一职志者，舍中国科学社外，吾未见其二也。该社创办《科学》杂志，嘉惠学林，亦既有年。兹拟募集基金五万元，为筹办图书馆及维持杂志之用。鄙人美其前途之志并乐观其成也，特书数语以为左券，并以告热心公益之君子。

民国八年二月范源濂

本社社员为了募集基金，奔走各方，不遗余力。即以笔者本身经验而言，我曾为了此事，南到广州，北到北京，西南到成都，东南到南通、杭州等处，历访当地政学界要人，为科学作呼吁。当时固然得到大多数人的赞助，也有态度冷淡，口惠而实不至的。至于海外南洋各埠，也有当地社员进行劝募。这样众擎并举、沿门托钵的结果，据一九二二年七月本社基金监察员刊布的《中国科学社募集基金第三次报告》，共收到：（一）普通基金：中银11,380元又公债票1,015元，美金1,693元，英镑（系荷属南洋各埠华侨捐叨银折合）155又47/100。（二）建筑金：中银1,000元。（三）永久社员基金：中银2,375元，美金175元，又公债50元，英镑24又53/100。

捐款人的姓名款数，曾在一九二〇年、一九二一年，第一次、第二次基金报告中及一九二七年刊布的中国科学社基金征信录中先后发表。到一九二七年止，中银部分的基金数目为21,975元。

这一点基金，虽然为数无多，但因为它是由于许多社会人士的热心捐助，故不可不郑重表出。其次为数较巨的基金，则得于一九二七年南京政府拨给的公债票四十万元。先是，本社虽然在南京设立了生物研究所及图书馆，但这仅限于生物科学方面的研究。关于理化科学及实业方面的研究，尚待设施，因此又有在上海筹设理化实业研究所的计划。后来因为这样一个计划需款太巨，改为在上海设立科学馆，所需建筑及设备费用亦在十万元以上。又生物研究所虽然得了中华教育文化基金董事会（简称中基会）的补助，仍须另筹基金，方能维持久远，因也提出了筹集基金五十万元的计划。这些数目过大，势难希望在私人方面募集。因此，由本社董事会提议，向国民党政府申请拨给本社建设费及基金共一百万元，以作发展科学研究之用。结果由财政部拨给了公债票四十万元。这便是本社得到这笔公债票的经过。

关于基金的管理，本社向来有董事会的基金监察员蔡元培、范源濂、胡敦复三人，后来添推中国银行总经理本社董事宋汉章担任保管及经理任务。此后在上海建立社所与明复图书馆以及中国科学图书仪器公司一部分的投资，皆由此项基金支拨，其数不下二十万元，但四十万元公债票的价值仍始终保持或尚有超过。这在一九三五年宋先生因老退休，交代基金保管职务时，基金保管委员会与理事会联席会议记录上可以见到。以下是记录的摘要：

> 一九三五年一月十二日中国科学社董事基金保管委员会与理事会在上海举行联席会议，蔡孑民董事长主席。主席致开会词，略谓"宋汉章先生保管本社基金，历六年有半，原数为公债四十万元。历年用去京沪二社所购地及建屋之费约达十八万元，连经常费共计支出二十八万余元。目前结算，尚余三十八万余元，连科学公司股本三万元，已超过原额四十万元之数，足见其平日对于保管本社基金之苦心并善于运用，特代表本社向宋先生致谢"。
>
> 宋先生答词谓"本人承本社董事之委托，保管基金，责任异常重大。六年以来，幸免陨越。……以后力所能及，仍当随时辅助"云云。

从上面的记录，可见本社这笔基金，除用于建设上海社所及图书馆外，尚存银行存款、公债票、科学公司股款等，共约四十万元有余。不幸自一九三七年抗日战争发生，通货膨胀，经过国民党政府的几次币制改革，所有债票皆成废纸，少数银行存款及科学公司股本，亦属毫无价值。解放后，银行过期存款，由人民政府整理折价发还；科学公司股本，经公私合营后仍可按期领取定息，使本社社务得以维持相当时期，这是应当感谢人民政府的。

六、事业

本社事业，可分为（甲）出版物，（乙）图书馆，（丙）生物研究所，（丁）年会，（戊）讲演，（己）展览，（庚）奖金，（辛）参加国内教育活动，（壬）参加国际科学会议，（癸）设立科学图书仪器公司等十项来叙述。

（甲）出版物　有以下五种：

（一）《科学》月刊　上面已经说过，这个月刊是本社创刊最早，也是国内出版最早的科学刊物的一种。它的出现，对科学工作者发表论文供给了便利条件，因之在鼓舞科学研究上，起了一定作用。在形式上，它首先采用了横行排列，并采用了西式标点符号，这在当时已经是一个大胆的革新。关于内容，我们可引创刊号中的"例言"数条以见一斑。

以下是《科学》创刊号例言的几条：

一、文明之国，学必有会，会必有报以发表其学术研究之进步与新理之发明。故各国学界期刊，实最近之学术发达史而当世学者所赖以交通知识者也。同人方在求学时代，发明创造，虽病未能；转输贩运，未遑多让；爱举所得就正有道。他日学问进步，蔚为发表新知创作机关，是同人所希望者也。

一、为学之道，求真致用两方面当同时并重。本杂志专述科学，归以效实。玄谈虽佳不录，而科学原理之作必取；工艺之小亦载，而社会政治之大不书。断以科学，不及其他。

一、科学门类繁赜，本无轻重轩轾可言。本杂志文字由同人相任，今为编辑便利起见，略分次序如下：（一）通论；（二）物质科学及其应用；（三）生物科学及其应用；（四）历史传记；（五）杂俎。其余美术、音乐之伦，虽不在科学范围以内，然以其关系国民性格至重，又为吾国人所最缺乏，未便割爱，附于篇末。

一、译述之事，定名为难，而在科学，新名尤多。名词不定，则科学无所依附以立。本杂志所用各名词，已有旧译者，则由同人审择其至当；其未经翻译者，则由同人详议而新造。将竭鄙陋之思，借基正名之业。当世君子倘不弃而教正之，尤为厚幸。

一、本杂志印法，旁行上左，并用西文句读点之，以便插写算术及物理化学诸程式，非故好新奇，读者谅之。

这个月刊从一九一五年创刊起至一九四九年，三十五年中共刊行了三十二卷。虽在抗日战争期间仍继续出版。解放后于一九五〇年与《自然科学》杂志合并而停刊。当时笔者曾作《〈科学〉三十五年的回顾》一文，登载在三十二卷的增刊号上，对于《科学》三十五年的成就，作了一个小小的估计。我说：

> 《科学》至一九五〇年为止，出了三十二卷，以每卷十二期，每期六万字计算，应有二千余万字。每期除了科学消息、科学通讯等不计外，以长短论文八篇计算，应有论文三千余篇。假定平均每人作论文三篇，则有作者一千余人通过《科学》而以所作与当世相见。这一点不能不算是小小贡献。至于这些文章对于学术上、社会上发生的影响，姑且不在话下。

这个杂志自一九五〇年停刊后，一九五七年又以季刊的形式继续刊行，至一九六〇年中国科学社结束时，由上海科学技术协会接办。它可以说是与中国科学社相为终始的。在结束前，中国科学社曾将此杂志1—36卷的目录编成总目录分期汇编及分类索引两种，印成后将分赠国内各图书馆以便检阅（在油印中）。

（二）《科学画报》 为了普及科学知识，本社于一九三三年创办了《科学画报》，先是半月刊，一九三九年改为月刊。因为它图片新颖，印刷精良，出版后颇受欢迎，销数曾达到二万以上，这在当时是很难得的。解放后由上海科学普及协会接办，发挥了更大的普及科学作用。

（三）论文专刊 专刊是将每年年会宣读的论文汇集刊印，以为社员发表研究所得及对国外交换之用。此种刊物大半用外文写成，从一九二二年到一九四七年共刊行了汇刊九卷。自一九二五年以后，生物研究所的论文，另出专刊，详见生物研究所项内。

（四）科学丛书　凡有系统而较为繁重的著作归于此类，由本社刊行发表。已刊行的有：赵元任：《中西星名考》；吴伟士：《显微镜理论》；钟心煊：《中国木本植物目录》；章之汶：《植棉学》；谢家荣：《地质学》；蔡宾牟：《物理常数》；等等。集体写作的有：《中国科学二十年》、《科学的南京》等等。关于科学史料的有：李俨：《中国数学史料》；张昌绍：《中药研究史料》；罗英：《中国桥梁史料》；等等。

（五）科学译丛　西方有关科学理论及应用的重要书籍，本社随时发动社员译出，以供参考应用。在这方面已经印行的，有与水利出版社合作，由汪胡桢、顾世楫合译的德国旭克立许著《水利工程学》二巨册，杨孝述译的英国物理学家布拉格讲《电》，陈世璋译的《人体知识》，俞德浚、杜瑞增合译的尼登讲《人类生物学》，叶叔眉、蔡宾牟合译的《俄国物理学史纲》二巨册，庶允译的《最近百年化学的进展》，任鸿隽译的《爱因斯坦与相对论》等等，这些译本都受到一般读者的欢迎。

（乙）图书馆　自一九一五年中国科学社初成立时，即设有图书馆委员会，目的在设立一个科学图书馆，以供一般研究科学者的参考利用。一九一九年，南京社所成立，即在北楼设立图书馆，推社员胡刚复主持其事，书籍杂志则大半由社员捐置及少数的购买。当一九二二年一月正式开览时，仅有中西书籍五千余册，杂志一千余册而已。一九二三年得江苏国库补助后，开始有计划地购订书籍杂志。一九二六年又得中华教育文化基金董事会的补助（其中有一部分是指定为购书用的），复得大量购置各门科学的书籍杂志。唯因生物研究所设在南京，故关于生物科学的书报皆庋置在南京。上海的图书馆则专藏物理科学的书报。至一九四五年抗战结束后，将生物研究所的书籍期刊运到上海，各科收藏方渐臻完备。这是藏书的大概情形。一九二九年在上海亚尔培路（今陕西南路二三五号）建筑了钢骨水泥三层楼的明复图书馆，面积五千五百余方尺，书库可藏一吋厚书二十二万册。此后图书馆的藏书年有增加，尤其是社员藏有的珍贵科学书籍，皆愿捐置社中以供众览。其中以周美权先生所捐的算学书籍和金叔初先生所捐的贝壳学杂志整套最为名贵。图书馆每年自订的英、美、德、法、日等国的杂志不下一百四十余种，与各国交换所得的有四十余种，其中也颇有珍贵的。现在将其重要而有长久历史的略举数种于下，以见一斑。（以下系就一九三一年中国科学社为纪念明复图书馆开幕刊行的《中国科学社概况》中所列举的三十余种杂志中选取十种。）

1. 电学杂志　卷7至104，自一八八一年至今。

2. 自然周刊　卷1至125，自一八七〇年至今。

3. 伦敦皇家学会会报　卷39至75，自一八八五年至一九〇四年。

　　同上甲组　卷76至123，自一九〇五年至今。

　　同上乙组　卷76至106，自一九〇五年至今。

4. 植物年刊　卷1至44，自一八八七年至今。

5. 法国植物学会公报　卷1至76，自一八五四年至今。

6. 林奈学会杂志植物部　卷1至48，自一八七五年至今。

7. 林奈学会杂志动物部　卷1至36，自一八五七年至今。

8. 伦敦动物学会论文专刊　卷1至22，自一八三五年至今。

9. 德国化学会会刊　卷1至63，自一八六八年至今。

10. 寇丁氏植物学杂志　卷1至153，自一七八七年至今。

此外外国学社出版的科学书报，如卡列基学社出版的书籍，斯密松宁学社的书籍报告，皆赠本馆全份，至为难得（一九五六年本社刊有《明复图书馆庋藏外文期刊目录》一册，将此部分的期刊情形详细登载，可供参考）。

关于中文书籍的收藏，如《古今图书集成》、明代《农政全书》以及经、史、专集，凡可供参考的亦无不广为搜罗。计至解放为止，本馆所藏书籍杂志，中文三万余册，西文二万余册，其中装订成巨册的西文杂志七千余册，这在东南已经成为至可宝贵的科学文献渊薮。是以解放后因文教事业的跃进，来馆阅览参考材料的专家日益众多。惟以私家组织力量有限，难于大事扩充以满足科技工作者的要求，因于一九五六年二月决定，将明复图书馆全部图书及基地馆舍设备，购书基金，捐献政府，俾在党和政府的英明领导下，更能发扬光大，以满足广大人民的需要。这个请求经上海市人民政府文化局予以接受，并于一九五六年二月十九日正式改组为上海市科学技术图书馆，为社会主义建设及工农生产发挥更大的作用。

（丙）生物研究所　本社设立各科研究所以实施科学研究，原为预定事业的一项。因此，在一九二二年领得南京成贤街社所房屋后，即在南楼辟出几室，设立生物实验室以作研究所的发轫。开办之始，设备简陋。所中分动物、植物两部，动物部推社员秉志，植物部推社员胡先骕、钱崇澍，先后主持其事；研究员则大半为东南大学教授在课余时间来此从事研究工作。这样一个研究所的组织，看去当然简陋不堪，但因这是当时国内的唯一科学研究机关，研究人员都十分精神奋发，颇引起教育界人士的注意。我记得有一次黄任之先生到所里来参观，参观后说："我们中国现在也有了科学研究所了，研究的结果不久一定可以操券而得的。"一九二二年本社得江苏省国库补助，生物研究所也每月得到三百元的经费，分配于动物、植物两部。这样，所中才能添置书籍设备，并添聘少数职员，进行采集剥制等工作。制成的标本就在楼下陈列起来，成为南京最早的自然历史陈列馆。一九二四年以后，动物、植物两部每年均有论文发表，最早的如秉志的《鲸鱼骨骼之研究》，陈桢的《金鱼之变异》，王家楫的《南京原生动物之研究》，都是有价值的论文。后来，这个研究所的工作更渐渐得到社会上的重视。一九二六年中华教育文化基金董事会开始补助该所经费一万五千元，另补助设备费五千元，使该所得以维持发展。以后中基会对于该所年有补助，直至抗战发生后该会停止工作时为止。但在这以前，中基会另补助建筑费二万元，与科学社拨给的二万元，共四万元，在南京成贤街旧址建筑保险式二层楼房屋，包含陈列室、图书馆、研究室等，为本所新址。不幸这所新房屋建成后不久，日寇即侵占南京，全部毁于兵火。犹幸所中书籍杂志早已内迁，庋置于重庆北碚，得以保存。抗战结束后，全部迁返上海明复图书馆，这在上节图书馆条下已说到的。

生物研究所的工作可分两方面来叙述：（一）采集方面。动物部自始即注意南京及其附近动物之调查与收集。后来经费稍裕，经常派人至长江上下游及浙江、福建各处，从事水产及海产动物的搜罗。较远的地方如川、粤、鲁、藏等地也派有采集员作长期的采集，所得标本颇为丰富。据一九三一年的报告，共有标本一万八千个，共一千三百种，内鸟兽、爬虫、二栖、鱼类高等动物七千余个，凡六百五十种。其他为无脊椎动物、海棉、珊瑚、棘皮、介壳、节足、寄生虫等，大抵皆备，足供研究所需。植物部的计划是以调查中国中部植物的种类及生态为主，对于标本的采集极为注意。他们在浙江的温、处、台及天目山、严、衢、金华各处；四川的川东、川南各地及西康马边一带，均进行过详细的采集。历年采集的结果，标本室现有已定名的标本一万余纸，内包有二百科一千三百余属及八千种。所有这些标本，都经过详细鉴定、叙述，并加以系统分类，然后作成论文向外发表或与国内外学术机关交换刊物。（二）出版方面。该所研究的成绩，自一九二五年起即作成论文用专刊形式发表。计从一九二五年至一九二九年，共刊动植物论文五卷，每卷五号。自一九三○年第六卷起，分动物、植物二组，每组亦不限于五号。总计该所发表的论文，由一九二五至一九四二年，动物组共十六卷，植物组共十二卷，另有研究专刊二本（森林植物志与药用植物志各一本）。这些论文专刊一般颇受学术界的欢迎与重视。即以国外交换而论，与该所交换的达八百余处。以此，世界各国几无不知有这样一个研究所。

（丁）年会 自从一九一六年以来，本社每年举行一次年会，到一九四八年共举行了二十六次。举行年会的任务，大致说来不外两方面：（一）报告并讨论社务，联络社员的感情，并宣读论文以交流一年来学术研究的心得及经验。（二）宣传科学，使内地比较偏僻的地方得许多科学专家莅止，把科学的新发见或当前的科学问题，作成讲题，向当地的公众讲演，这对于开通风气与宣传科学都起了一定作用。因为这个缘故，本社的年会一直是得到社会上及东道主人的欢迎的。

举行二十六次年会的地点遍及全国各主要大城市，胪列起来也是颇饶趣味的史迹。现在把一九五〇年本社发表的总结报告关于年会地点的一表转录于下：

年会次数	年	地点	附记
1	1916	（美国）恩多佛高等学校	
2	1917	（美国）罗岛州布郎大学	
3	1918	（美国）绮色佳康乃尔大学	
4	1919	杭州浙江省教育会	
5	1920	南京本社社所	
6	1921	北京清华大学	
7	1922	南通南通俱乐部	
8	1923	杭州浙江省教育会	
9	1924	南京本社社所	
10	1925	北京欧美同学会	
11	1926	广州中山大学	
12	1927	上海总商会	
13	1928	苏州东吴大学	
14	1929	北京燕京大学	
15	1930	青岛青岛大学	
16	1931	镇江	
17	1932	西安	
18	1933	川重庆及成都	
19	1934	江西庐山	
20	1935	广西	六科学团体联合
21	1936	北京	七科学团体联合

22	1940	昆明	六科学团体联合
23	1943	四川北碚	六科学团体联合
24	1944	成都华西大学	十一科学团体联合
25	1947	海本社社所	七科学团体联合
26	1948	南京中央大学	十科学团体联合

（戊）演讲　为传播科学新知及其应用，社中经常举行讲演。讲演约分二类：一为长期讲演，每年经常举行一次或数次，每次数讲或十数讲，就一定题目，特加组织，约请有专门研究的专家作有系统的陈述。此类讲演大概在科学社所在地举行，行之有年，听者甚为踊跃。一为非定期讲演，每年在各地开年会时，由到会社员就当地团体或当时共感兴趣的问题，作一系列的讲演。此类讲演已成为举行年会的一个节目，使年会受到欢迎。再则遇国外有名的科学家来我国时，由本社特请来社演讲，如法国的物理学家郎之万，美国的生物学家尼登，都曾在本社讲演过。

（己）展览　社中自南京生物研究所成立以来，即经常陈列有采集的动、植物标本以供众览。此外在一九三一年上海的明复图书馆新建成立、正式开馆时，举行了中国版本展览会十天。在这个展览会中搜集了唐人写经，宋元刊本，明《永乐大典》，清《四库全书》各种书刊及现代各种印刷术、装订术的样本，刊印一本《中国版本概说》，在当时的藏书家及出版界中得到好评。

在一九五四年庆祝本社成立四十周年纪念时，举行了中国科学史料展览。这次展览，主要是将本社明复图书馆所藏有关科学史料的重要书籍清理出来，展出供览，以显示我国古代科学文献的丰富遗产。同时，在上海各大图书馆、博物馆的书籍实物，也广为搜求，参加展出以期尽美。展览会印有《中国科学史料展览品目录》小册，计展览品中文献之部，包括天文、算术、物理、化学、地质、生物、农艺、工艺、工程、本社历年出版物，解放后国内的科学刊物，本社收藏百年以前的外文杂志珍本等十类，共一百九十二项，每项均有详细的说明，可供参考。其次实物之部，包括中国猿人头骨模型、殷墟甲骨文字、铸造、古代度量衡、板刻印刷、木刻、陶瓷、针灸铜人及金针金灸，以及最近中国科学家的创造品等九类五十余项。这次展览，虽然规模不大，在科学史料上尚是第一次。展出后甚得各方面的注意。可惜以本社物质条件的关系，只能开展三日，参观者三千余人。

（庚）奖金　为鼓励青年科学家的研究与写作兴趣，本社设立或代管各种科学奖金，并组织委员会，管理评选奖金候选人与发奖事宜。此项奖金，有为社友设立的，有为社友为纪念其亲属而设立的，计自一九一九年起，本社所管理的奖金有以下几种：

（一）高君韦女士纪念奖金，高君珊社友捐赠，奖给算学、物理、化学、生物学及地学五科，每年择定一科轮流给奖。

（二）考古学奖金，北平社友会捐赠，专给是年考古学成绩最优的学者。

（三）爱迪生电工奖金，电工科社友捐赠。

（四）何育杰物理学奖金，蔡宾牟等社友捐赠。

（五）梁绍桐生物学奖金。

（六）裘可桴、汾龄父子科学著述奖金。

（七）范太夫人奖金，范旭东先生捐赠，专为资助生物研究所的研究员，每年五百元。

所有奖金，大概为金质奖章一枚，现金一百元，但也有例外，如范太夫人奖金是。

（辛）参加国内教育活动

（一）科学名词审查　在介绍欧美科学的时候，首先遇到译名词的困难。因此，本社社章将编订科学名词列为本社事业之一。一九一六年本社即设有名词讨论会，讨论结果随时发表于《科学》杂志。一九二二年以后，参加了江苏教育会、中华医学会等团体组织的名词审查会，每年开会进行审查工作，累积了不少有用材料。一九三四年，国民党政府教育部设立了国立编译馆，此类审查工作才由政府机关集中办理；但所有材料，大部分仍是根据本社及三数团体已有的成绩。

（二）科学教育　欲求科学发达必先使青年学子有良好的科学训练，因此本社向来注意改良中学的科学教育，以为发展科学打下良好基础。一九二六年，本社与中华教育改进社，洛氏驻华医社等联合在清华大学办理暑期中等学校科学教育讲演会，结果甚好。本社并设有改良科学教育委员会，以从事调查各中等学校的科学设备，教材书籍，随时为之辅导加以改进。

（三）科学咨询　为备各方遇有科学上疑难问题，有所咨询，共图解决起见，本社特于一九三○年设立科学咨询处。凡各界提出的咨询问题，本社均视其性质，分别送由各专家社员拟具答案随时在《科学》月刊或《科学画报》中发表。关于解决实际问题，本社生物研究所曾于一九三五至三六年，为四川铁路筹委会在四川原始森林中调查枕木资源，由研究员郑万钧负责始终其事。所得结果，发见该省资源不但可供全省筑路之用，而且可备当时全国各大干路抽换一部分枕木的取材。抗战前该所又曾为温溪造纸厂调查浙省造纸材料，结果甚为圆满。

（壬）参加国际科学会议　在国民党政府中央研究院尚未成立以前，许多国际科学会议均由本社派遣代表出席参加。如一九二六年八月国际植物学会在美国绮色佳开会，由本社派社员张景钺参加；同年十一月泛太平洋第三次科学会议在日本东京开会，由本社派社员竺可桢参加；一九二九年五月该会第四次会议在爪哇开会，由本社派社员竺可桢、胡先骕、翁文灏、黄国璋、寿振黄、陈焕镛等六人参加；一九三○年九月葡萄牙国际人类学考古学会由本社社员刘咸出席参加。其他国际学会开会时邀请本社参加的还很多，这可以看出本社在国际上的地位。

（癸）设立科学图书仪器公司　关于科学图书的刊印，因为它内容的特殊，一般印刷厂感觉困难，多不愿接受此种工作。为便利本社编辑出版，并发动科学仪器制造专业起见，一九二九年由本社理事会通过设立中国科学图书仪器公司。最初资本额为三万元，后来逐步增加到二十万元，由本社担任资本额三分之一，其余三分之二，原则上限于社员购买。这个公司既然不是以营利为目的，所以它的印刷业务，类能不惜工本，精益求精。因此，它训练出了许多排印复杂算式及科学公式的能手，出品精良，为出版界所称道。公司的出版事业及仪器制造事业，在抗战结束后有逐步进展。解放后改为公私合营。

七、解放后的工作

在解放初期，中国科学社首先在北京和中华自然科学社、中国科学工作者协会及东北自然科学研究会三团体联合发起，向党中央及政府建议，召开全国自然科学工作者代表会议，并先组织筹备委员会。在党和政府的指导帮助下，这个会议于一九五〇年八月在北京清华大学召开了。结果组织了全国自然科学专门学会联合会（简称科联）和全国科学技术普及协会（简称科普）两个团体，来辅导发展科学工作。中国科学社在参加了这次会议之后，认识到人民政府对于科学事业的重视，此后的科学工作，已经成为国家的事业，前途无限光明，无须私人组织来越俎代庖。一方面因为本社所办的科学事业均是多年积累的人民财产与经验，应该善于利用以使它能更好地为社会主义建设服务。因此，本社采取了逐渐清理，俟机移交或捐献的办法，把所办事业作了以下的处置：

《科学》月刊　于一九五一年与《自然科学》合并，由全国科联刊行，后来停刊。

《科学画报》　于一九五三年交上海科普继续发行。

生物研究所　解放后曾在上海社所继续进行工作，到一九五四年将所中所有标本仪器及工作人员一并移交中国科学院生物〔水生〕研究所，原有人员即在动物研究所继续工作（植物标本则移交植物研究所）。

明复图书馆　于一九五六年捐献于上海市人民委员会，由文化局接收，改组为上海市科学技术图书馆，现为上海图书馆一部分。

中国科学图书仪器公司　在上海工商业社会主义改造期间，由本社提议争取公私合营，最后于一九五六到五七年间该公司的印刷厂部分合并于中国科学院所属的科学出版社，编辑部分合并于上海的科技出版社，而仪器部分则合并于上海量具工具制造厂，先后分属于适当性质的机关，发挥相当作用。

最后在科学社的业务中，尚有一九五七年为响应百家争鸣号召而编纂的《科学史料丛书》和《科学季刊》。这两种刊物到一九六〇年四月，已出版了《科学史料丛书》十余种，《科学季刊》十二期。但在一九五八年大跃进形势下，我们感觉到一个私人团体的努力，不能适合总路线的要求。因之，为发动一切潜在力量，更好地为社会主义建设服务起见，一九五九年秋间，由社中全体理事会提议，并得全体社员的同意，将社中所有现存房屋、财产（计有银行存款、公债、现款等共83,542.79元）、书籍、设备，一并捐献于政府；科学刊物则交请全国科协接办，以免这个有四十余年历史的刊物归于中断。这个建议，已得全国科协接受，并指派上海科协办理接收事宜。本社当于本年五月四日与上海科协办妥一切移交事宜，从此中国科学社的历史任务也就光荣地宣告结束。

综观中国科学社四十余年的历史，在组织初期，确曾推动了一些研究科学的风气。此后所办各事，虽然对于推进科学训练人才，均起了相当作用，但不免陷入资本主义国家发展科学的旧窠臼，以致未能作出更巨大的贡献，是我们所极端悚愧的。我们高兴的是，在目下社会主义建设的新时代下，全党全民正以无比的雄心大志向科学进军，全国的科学家，正在各人的岗位上，为发展科学尽其一分的力量与责任。我们满怀十二分信心，瞻望着无限光明的远景。

1961年